# BEI GRIN MACHT SICH IHR WISSEN BEZAHLT

- Wir veröffentlichen Ihre Hausarbeit, Bachelor- und Masterarbeit

- Ihr eigenes eBook und Buch - weltweit in allen wichtigen Shops

- Verdienen Sie an jedem Verkauf

Jetzt bei www.GRIN.com hochladen und kostenlos publizieren

**Bibliografische Information der Deutschen Nationalbibliothek:**

Die Deutsche Bibliothek verzeichnet diese Publikation in der Deutschen National-
bibliografie; detaillierte bibliografische Daten sind im Internet über http://dnb.d-
nb.de/ abrufbar.

**Impressum:**

Copyright © 2018 GRIN Verlag
Druck und Bindung: Books on Demand GmbH, Norderstedt Germany
ISBN: 9783668921122

**Dieses Buch bei GRIN:**

https://www.grin.com/document/462391

Sven Falkenrich

# Analyse und Einsatzmöglichkeiten horizontaler Partitionierung in Oracle Datenbanken

GRIN Verlag

**GRIN - Your knowledge has value**

Der GRIN Verlag publiziert seit 1998 wissenschaftliche Arbeiten von Studenten, Hochschullehrern und anderen Akademikern als eBook und gedrucktes Buch. Die Verlagswebsite www.grin.com ist die ideale Plattform zur Veröffentlichung von Hausarbeiten, Abschlussarbeiten, wissenschaftlichen Aufsätzen, Dissertationen und Fachbüchern.

**Besuchen Sie uns im Internet:**

http://www.grin.com/

http://www.facebook.com/grincom

http://www.twitter.com/grin_com

# Bachelorthesis

## Analyse und Einsatzmöglichkeiten horizontaler Partitionierung in Oracle Datenbanken

Erstellt von:

Sven Falkenrich

Eingereicht am:

13.07.2018

# Inhaltsverzeichnis

# Abkürzungsverzeichnis

**ASM**      Automatic Storage Management

**CDB**      Container Datenbanken

**DB**       Datenbank
**DBCA**     Database Configuration Assistant
**DBS**      Datenbanksystem
**DDL**      Data Definition Language
**DML**      Data Manipulation Language

**EDV**      Elektronische Datenverarbeitung
**EE**       Enterprise Edition

**GDS**      Global Data Service
**GDSCTL**   Global Data Services Control Utility

**IP**       Internet Protocol

**JDBC**     Java Database Connectivity

**MVCC**     multi-version concurrency control

**OCI**      Open Catalog Interface
**ODP**      Open Data Port
**OLTP**     Online-Transaction-Processing
**OS**       Operating System

**RAC**      Real Application Cluster

**SAN**      Storage-Area-Network
**SDB**      Sharded Database
**SPOF**     Single-Point-of-Failure
**SQL**      Structured Query Language

**TCO**     Total Cost of Ownership

**UCP**     Universal Computer Protocol
**ULA**     Unlimited License Agreement
**USD**     US-Dollar

# Abbildungsverzeichnis

# Listingverzeichnis

# 1 Einleitung

In diesem Kapitel wird die Motivation, sowie die Ziele für die Anfertigung der Arbeit, aufgezeigt. Weiterhin wird eine Abgrenzung zu nicht behandelten Themen vorgenommen. Zum Schluss erläutert der Autor den Aufbau und die Struktur der Arbeit.

## 1.1 Motivation und Ziele der Arbeit

Täglich entstehen riesige Mengen an Daten. Besonders in Unternehmen werden viele Daten verwaltet und gespeichert. Dabei spielen Social Media, digitale Dokumente, digitale Kommunikation und viele weitere Quellen eine große Rolle. Nahezu jedes mobile Geräte ist miteinander vernetzt und sammelt Daten über seinen Nutzer und deren Verhalten. Diese große Menge an Daten muss gespeichert und verarbeitet werden. In diesem Bereich stoßen herkömmliche relationale Datenbanken an Ihre Grenzen.

Um diese Menge an Informationen zu verarbeiten wurden NoSQL-Datenbanken entwickelt, welche in diesem Bereich ihre Stärken haben. Sie verteilen die Datenbank auf mehrere Server durch das sogenannte Sharding. Dadurch sind sie in der Lage, beliebig zu skalieren und sich an die Menge der Daten anzupassen. Als Konkurrenzprodukt hat Oracle nun das Oracle Sharding entwickelt. Das Oracle Sharding soll eine Oracle Datenbank beliebig skalieren und dabei das relationale Datenbankmodell wahren. Damit passt sich Oracle an die „neuen" Anforderungen der heutigen Zeit an.

Das Ziel dieser Arbeit ist es Vorteile des neuen Features Oracle Sharding zu erarbeiten und diese in einer Entscheidungsmatrix zusammenzufassen. Mithilfe der Matrix soll es möglich sein, Einsatzmöglichkeiten des Oracle Shardings abzuleiten. Dabei wird im Besonderen Wert auf das Erstellen einer Sharding Umgebung und dem Vergleich mit gleichartigen Technologien gelegt. Das Feature wird ganzheitlich analysiert im Bezug auf seine Vorteile gegenüber anderen Technologien.

Diese Arbeit richtet sich an Entscheider, welche sich mit möglichen Technologien zur Skalierung von Datenbanken auseinander setzen, als auch an Datenbankadministratoren, die eine Sharding Umgebung umsetzen.

Das Oracle Sharding wurde ausgewählt, da es sich um eine zukunftsorientierte Technologie handelt. Diese wird im Hinblick auf ihre Einsatzmöglichkeiten genauer analysiert.

Mit den Ergebnissen dieser Arbeit wird das Angebotsspektrum der ORDIX-Schulungen im Oracle Bereich erweitert.

## 1.2 Abgrenzung

Diese Arbeit bezieht sich ausschließlich auf die von Oracle angebotenen Produkte Oracle Sharding und Oracle RAC, sowie die beiden NoSQL-Datenbanken Cassandra und MongoDB. Produkte zur horizontalen Skalierung von Drittanbietern werden nicht betrachtet. Des Weiteren wird in der gesamten Arbeit die Version Oracle 12.2 betrachtet und somit die erste Version des Oracle Shardings. Spätere Versionen werden nicht miteinbezogen. Aufgrund des zeitlichen Rahmens und der Komplexität jeder Datenbank, wird im Vergleich mit NoSQL-Datenbanken nur auf die beiden Lösungen Cassandra und MongoDB eingegangen. Diese beiden NoSQL-Datenbanken stehen exemplarisch für alle NoSQL-Lösungen. Sie stellen aber keinen ganzheitlichen Vergleich mit allen NoSQL-Datenbanken dar.

## 1.3 Aufbau und Struktur der Arbeit

Die vorliegende Arbeit lässt sich in vier Bereiche gliedern.

Das erste Kapitel ist die Einleitung. Dort erfolgt eine Einführung in das Thema der Arbeit. Es werden Motivation und Ziele, sowie der Aufbau und die Struktur der Arbeit aufgezeigt. Zudem wird eine Abgrenzung zu nicht behandelten Themen und Bereichen vorgenommen.

Das Kapitel 2 behandelt die Grundlagen zum Thema der Arbeit. Dazu wird zuerst auf die Definition von Online-Transaction-Processing (OLTP)-Applikationen eingegangen. Zudem wird das CAP-Theorem und die beiden Konzepte ACID und BASE erläutert. Anschließend werden die Grundlagen der beiden NoSQL-Datenbanken aufgezeigt. Danach wird ein Überblick über das Sharding und die Begrifflichkeiten zu dem Thema gegeben. Im Speziellen wird das Oracle Sharding erklärt. Zum Schluss erfolgt ein kurzer Überblick über den Oracle Real Application Cluster (RAC).

Der dritte Teil der Arbeit beschäftigt sich zunächst mit dem Aufbau einer Sharding Umgebung. Hierzu werden die durchzuführenden Schritte aufgezeigt und erklärt. Anschließend führt der Autor einen Vergleich von Oracle Sharding mit dem Oracle RAC durch. Dieser Vergleich wird auf der Grundlage von zuvor festgelegten Kriterien durch-geführt. Es folgt ein Vergleich mit den ausgewählten NoSQL-Technologien. Zum Schluss werden die beiden Vergleiche in Form einer Entscheidungsmatrix und einem Fazit vom Autor zusammengefasst. Hier liefert der Autor Vorschläge für Einsatzmöglichkeiten und zeigt die Vorteile des Oracle Shardings auf.

Das letzte Kapitel schließt die Arbeit mit einer ganzheitlichen Schlussbetrachtung ab. Diese enthält eine Zusammenfassung, ein Fazit, eine kritische Betrachtung und einen Ausblick.

# 2 Grundlagen

## 2.1 Online Transaction Processing (OLTP)

Die Abkürzung OLTP steht für On-line Transaction Processing. Das bedeutet im Deutschen soviel wie transaktionsorientierte Datenverarbeitung. Dabei handelt es sich um ein Konzept für relationale Datenbanksysteme. Der Fokus liegt darauf, dass Transaktionen bzw. Operationen auf dem System direkt durchgeführt werden. Diese Transaktionen sind unabhängig von sich kurzfristig ändernden Datenbeständen.[1] Dementsprechend stellt dieses Konzept hohe Anforderungen im Bezug auf Antwortzeiten, Transaktionssicherheit und Datendurchsatz an das jeweilige Datenbanksystem (DBS). Durch die Transaktionskriterien der OLTP-Anwendung wird Ihre Konsistenz sichergestellt. Die Effizienz hängt also unter anderem von der verwendeten Hardware und der Software (DBS) ab, da diese Komponenten die Antwortzeit beeinflussen. Die Verarbeitungsschritte von OLTP-Applikationen sind in der Regel eher kurz und von geringer Komplexität. Somit gibt es eher viele kurze Transaktionen, die möglichst schnell bearbeitet werden. Typische Einsatzgebiete von OLTP-Applikationen sind das operative Tagesgeschäft eines Unternehmens, wie z.b. Elektronische Datenverarbeitung (EDV)-Systeme.[2] Deswegen eignet sich Sharding für diese Applikationen ganz besonders. Es unterstützt die Hauptmerkmale des Konzeptes von OLTP-Applikationen. Die Antwortzeiten werden verkürzt durch die Aufteilung des Workloads. Der Datendurchsatz wird erhöht, da die Daten verteilt sind und jede Anfrage direkt an die Datenbank mit den relevanten Daten gestellt wird. Ein weiterer Vorteil ist das dezentrale Modell auf dem das Sharding beruht. Dies minimiert die Ausfallzeiten der OLTP-Applikation.[3]

## 2.2 Konsistenzkonzepte

Um das Oracle Sharding im Bezug auf Konsistenz mit den Konkurrenz-Technologien zu vergleichen, werden in diesem Kapitel die Grundlagen hierfür geschildert.

---

[1] vgl. Roland Gabriel, Peter Gluchowski, Alexander Pstwa, 2009, S.11
[2] vgl. solid IT GmbH, 2018b
[3] vgl. solid IT GmbH, 2018b

## 2.2.1 CAP-Theorem

Das CAP-Theorem wurde im Jahre 2000 von Eric A. Brewer aufgestellt und im Jahre 2002 von Gilbert und Nancy Lynch bewiesen. CAP ist eine Abkürzung und steht für die englischen Wörter Consistency (Konsistenz), Availability (Verfügbarkeit) und Partition Tolerance (Partitionstoleranz). Dieses Theorem wird benutzt, um die Besonderheiten bei verteilten Datenbanken darzustellen. Es besagt, dass nur zwei der drei Kriterien bei einem verteilten Datenbanksystem vollständig erreichbar sind. In einem perfekten DBS wären alle drei Kriterien erfüllt.

- Konsistenz (Consistency): Das C in dem Theorem steht für Konsistenz zwischen den Knoten bzw. Systemen einer verteilten Anwendung. Jeder Knoten eines Systems hat zu jedem Zeitpunkt die gleichen Daten. Es muss sichergestellt werden, dass nach jeder Transaktion die Daten auf allen Knoten aktualisiert wurden. Somit ist es eine deutlich striktere Konsistenz als bei relationalen Datenbankmanagementsystemen. Die Konsistenz bei relationalen Datenbankmanagementsystemen bezieht sich auf die Transaktionskonsistenz.

- Verfügbarkeit (Availability): Verfügbarkeit meint im Sinne des CAP-Theorems, dass die Datenbank alle Anfragen in einer bestimmten Zeit beantwortet. Anfragen werden, trotz Netzwerkausfällen oder Ausfällen von einzelnen Knoten, beantwortet. Dabei ist jedoch keine Konsistenz gewährleistet bzw. es ist nicht gewährleistet, dass die Abfrage die aktuellsten Daten zurückgibt.[4]

- Partitionstoleranz (Partition Tolerance): Partitionstoleranz sagt aus, dass eine verteilte Datenbank den Ausfall einzelner Knoten im System verkraftet. Wenn die Kommunikation zu einem Teil nicht mehr möglich ist, muss das System trotz des Ausfalls funktionstüchtig bleiben. Ein Beispiel ist eine verteilte Datenbank mit zwei Servern. Wenn einer der beiden Server ausfällt, steht der andere Server weiterhin für Schreib- und Leseoperationen zur Verfügung.[5]

Durch die Einschränkung, dass nur zwei der drei Kriterien erfüllt werden können, müssen die Datenbanken Kompromisse eingehen. Im Folgenden beschreibt der Autor die drei Kompromisse.

---

[4]vgl. TH Köln, 2015-01-23
[5]vgl. solid IT GmbH, 2018a

Der erste Kompromiss ist, dass das System konsistent und verfügbar ist. Dieses System versucht Konsistenz und Hochverfügbarkeit gleichermaßen herzustellen. Dabei wird die Partitionstoleranz in den Hintergrund gestellt. Bei ihnen hat Konsistenz und Verfügbarkeit die höchste Priorität.

Das zweite Szenario vereint Konsistenz mit Partitionstoleranz. Diese Datenbanken vernachlässigen den Aspekt der Verfügbarkeit. Datenbanken mit diesem Kompromiss sind nicht vollständig verfügbar. Ein Teil des Systems ist für eine bestimmte Zeit nicht verfügbar, wenn das System die Konsistenz für diesen Teil nicht garantiert. Sollte der Knoten wieder verfügbar sein, wird zuerst die Konsistenz sichergestellt. Erst danach ist die Datenbank wieder verfügbar für Abfragen. Ein solches Szenario ist sinnvoll für Anwendungsfälle, wie z.B einem Bankinstitut, welches viele Bankautomaten an verschiedenen Standorten hat. Diese Bankautomaten müssen jederzeit konsistent sein. Eine Verzögerung in der Antwortzeit hingegen ist akzeptabel.

Das letzte Szenario ist die Kombination von Verfügbarkeit und Partitionstoleranz. Das bedeutet, diese Systeme verzichten auf völlige Konsistenz der Daten. In diesem Feld siedeln sich die meisten NoSQL-Datenbanken an. Sie arbeiten mit dem Eventual Consistency Prinzip. Das heißt, sie reagieren auf Anfragen, aber ihre Ergebnisse müssen nicht zwingend konsistent sein. Dabei heißt Eventual Conisistency, dass sie irgendwann konsistent sind, es aber zu dem gegebenen Zeitpunkt nicht sein müssen. Ein Beispiel ist der Domain Name System Service. Dieser arbeitet mit dem AP-Prinzip. Internet Protocol (IP)-Adressen müssen zu jederzeit aufgelöst werden können, trotzdem kann es länger dauern bis ein geänderter Eintrag auf allen Systemen angekommen ist.[6]

---

[6]vgl. solid IT GmbH, 2018a

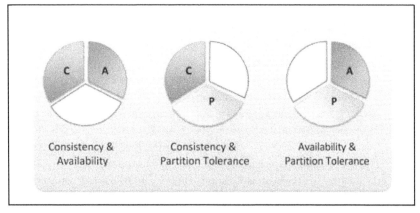

**Abbildung 1:** Quelle: Big Data: Grundlagen, Systeme und Nutzungspotenziale (Daniel Faser, Andreas Meier), S. 34

Alles in allem lassen sich die Datenbanken den folgenden Kategorien zuordnen, vorausgesetzt die relationalen Datenbanken werden zum CAP-Theorem dazu gezählt.

- CA: (Traditional relational databases PostgreSQL, Oracle, MySQL)

- AP: Cassandra, CouchDB

- CP: MongoDB, HBase

7

## 2.2.2 BASE

Die Abkürzung BASE steht für Basically Available, Soft State, Eventually Consistent. Dabei steht Basically Available dafür, dass das System Verfügbarkeit der Daten garantiert. Ob die Daten inkonsistent oder im „changing state" sind, also sich geändert haben, spielt keine Rolle. Mit Soft State ist gemeint, dass sich der Zustand des Systems mit der Zeit verändert. Der Datenbestand kann sich sogar ohne direkten Input verändern, da das System nur „eventual consistent" ist. Das System ist irgendwann konsistent,

---

[7]vgl. Lior Messinger, 2013-02-17

vorausgesetzt es bekommt keinen Input mehr. Wenn keine Updates mehr durchgeführt werden, ist es möglich, dass alle Read-Abfragen den gleichen Wert liefern. Der BASE Ansatz ist das Gegenstück zum ACID(2.2.3) Ansatz. Es wurde entwickelt, um verteilte Systeme zu unterstützen und ihnen mehr Freiraum zu lassen. Der Kerngedanke ist, dass die Daten verändert, gelöscht oder konsistent sein können. Dies soll nicht in Konkurrenz stehen zur Verfügbarkeit, da diese beim BASE-Ansatz im Vordergrund steht. Deshalb wird bei diesem Ansatz auch von einer „Weak consistency" gesprochen, also einer schwachen Konsistenz.[8]

### 2.2.3 ACID

ACID ist ein Modell für die Eigenschaften von Transaktionen. Es beschreibt die Eigenschaften von relationalen Datenbanksystemen. Die Abkürzung ACID steht für die folgenden Begriffe:

- atomicity: Atomarität steht für das Alles oder Nichts Prinzip. Also sind entweder alle Elemente einer Transaktion erfolgreich und somit auch die ganze Transaktion oder gar keins.

- consistency: Diese Eigenschaft heißt, dass die Datenbank vor und nach dem Ausführen einer Transaktion in einem konsistenten Zustand ist.

- isolation: Alle Transaktionen sind unabhängig voneinander und haben keine Verbindung zu anderen unvollständigen Transaktionen.

- durability: Sobald eine Transaktion vollendet wurde, muss sie festgeschrieben sein. Das heißt sie ist dauerhaft auf dem System gespeichert. Diese Speicherung muss Systemfehler und Diskfehler überstehen.

Dabei verfolgen einige relationale Datenbanken das multi-version concurrency control (MVCC) Modell. Das heißt während einer Transaktion sehen andere Benutzer die Veränderungen der Transaktion nicht. Es werden „alte" Daten gezeigt, die ebenfalls für einen rollback benutzt werden, falls eine Transaktion fehlschlägt. [9]

---

[8]vgl. Drazena Gaspar, 2017, S.16 ff.
[9]vgl. Guy Harrison, 2015, S.128

## 2.3  NoSQL

Der Begriff NoSQL wurde zum ersten Mal im Jahre 1998 verwendet. NoSQL ist keine Technologie, die von einer Gruppe von Personen erfunden wurde, sondern ein Konzept, welches sich über mehrere Jahre entwickelt hat. Besonders im heutigen Zeitalter des World Wide Web steigt die Anzahl der Informationen und Geräte im Netz massiv an. Diese Masse an Daten muss gespeichert, verarbeitet und letztendlich interpretiert werden. Dabei haben besonders zwei große Firmen die Entwicklung von NoSQL voran gebracht. Zum Einen war das die Firma Google, welche im Jahre 2006 ein Paper über Bigtable distributed structured database herausgebracht hat. Zum Anderen die Firma Amazon, welche 2007 ein Paper zu Dynamo data storage application veröffentlichte. Heutzutage wird unter dem Begriff eine Vielzahl von NoSQL Datenbank Produkten verstanden.[10] Eine NoSQL Datenbank muss folgende Anforderungen erfüllen:

- Die Datenbank benötigt kein Schema

- Ist auf eine verteilte Architektur ausgelegt

- Benutzt kein relationales Datenbankdesign

Die erste Anforderung ist, dass die Datenbank kein Schema benötigt bzw. nur geringe Restriktionen hat. Anders als bei relationalen Datenbanken, bei denen das Datenbankschema eine große Rolle spielt. Die Daten werden unstrukturiert abgelegt, wodurch die Notwendigkeit von Umstrukturierungen entfällt.

Die zweite Anforderung ist, dass sie auf eine verteilte Architektur ausgelegt ist. Das bedeutet, die Daten werden über mehrere Server verteilt, um eine große Menge von Daten zu verarbeiten und zu speichern. Das Skalieren der NoSQL Datenbank erfolgt durch Hinzufügen neuer Hardware.

Die dritte Anforderung ist, dass sie kein relationales Datenbankdesign hat. Es gibt keine Verknüpfung von Daten, wie z.B Fremdschlüssel oder referentielle Integritäten.[11] NoSQL Datenbanken sind nicht beschränkt auf den klassischen Spalten und Zeilen Ansatz von relationalen Datenbanken. Sie sind designt, um eine große Vielfalt von Daten zu verarbeiten. Diese Daten verändern Ihre Struktur mit der Zeit und Ihre Wechselbeziehungen sind nicht bekannt. Dafür gibt es vier Haupttypen von NoSQL-Datenbanken:

---

[10]vgl. Adam Fowler, 2015, S.8 ff.
[11]vgl. Adam Fowler, 2015, S.19 ff.

- Spaltenorientiert

- Key-Value

- Triple

- Dokumentorientiert

Bei spaltenorientierten Datenbanken handelt es sich um eine Erweiterung des traditionellen Tabellenschemas. Dabei werden Daten in spaltenweisen Tupeln[12] abgelegt. Sie sind optimiert für Spaltenabfragen, welche viele Tupel aber wenige Spalten abfragen. Das Key-Value Store Prinzip ist eine eher simple Struktur, bei der der Datensatz ein Schlüssel (Key) und ein Wert (Value) gleichzeitig ist. Das heißt die Schlüssel sind bei diesem Ansatz eindeutig und vergleichbar mit einem Primary Key von relationalen Datenbanken.

Das Triple beschreibt eine Information, die durch drei Elemente beschrieben wird. Das erste Element ist das beschriebene „Thema". Das zweite die Beschreibung der Eigenschaft oder der Beziehung zu einem anderen Objekt. Das dritte Element ist der Wert. Dieser Wert ist entweder ein richtiger Wert z.B eine Zahl oder eine Unique ID eines anderen Objektes.

Die dokumentorientierten Datenbanken speichern Daten in Dokumenten ab. Ein Dokument speichert die Daten in strukturierter Form ab, in dem es Schlüsselfelder gibt, denen ein konkreter Wert zugeordnet ist.[13]

### 2.3.1 Cassandra

Cassandra ist ein Open Source Distributed Datenbank System. Es wurde im Jahre 2007 bei Facebook durch Avinash Lakshman und Prashant Malik entwickelt. Cassandra ist eine spaltenorientierte Datenbank. Das heißt die Daten werden in Columns[14] abgespeichert. Zu den Bestandteilen der Cassandra Datenbank gehören Keyspaces, Keys, Columns, Column Familys und Super Columns. Der Keyspace ist der oberste Bereich. Er ist vergleichbar mit einem Schema von Oracle und fasst mehrere Column Familys zusammen. Eine Column Family wiederrum ist vergleichbar mit einer Tabelle und fasst

---

[12]Sammlung von Werten, die auch als Datensatz bezeichnet wird.
[13]vgl. Adam Fowler, 2015, S.28 ff.
[14]Spalten

mehrere Super Columns und Columns zusammen.[15] Die Super Column ist eine Zusammenfassung von mehreren Columns zu einer. Durch diese Zusammenfassung wird auf die Columns einer Super Column deutlich effizienter zugegriffen. Das heißt Leseoperationen sind schneller, da bestimmte Spalten bereits logisch „verknüpft" sind. Dies ist deutlich effizienter als bei relationalen Datenbanken, da Verknüpfungen dort durch Join-Abfragen realisiert werden.[16]

Der Key ist, wie in der relationalen Datenbank, zur eindeutigen Identifikation jedes Datensatzes und zur Partitionierung der Daten da. Cassandras Architektur ist eine Ringstruktur. Das heißt, alle Knoten in einem Cassandra Cluster kommunizieren untereinander mittels Peer-to-Peer Protokoll. Dabei nimmt jeder Node die gleiche Rolle ein, denn es gibt keinen Master-Node oder Koordinator.[17] Jeder Node im Cluster ist in der Lage dazu die Rolle des Koordinators zu übernehmen, eine Anfrage entgegen zu nehmen und diese an den richtigen Node weiterzuleiten.[18]

### 2.3.2 MongoDB

MongoDB ist eine Open Source Datenbank. Es ist eine dokumentbasierte Datenbank. Das heißt, jeder Datensatz wird als Dokument abgelegt. Ein Dokument besteht dabei aus einem Feld und einem Wert. Diese Dokumente werden in JSON ähnlichen Objekten gespeichert, welche sich BSON[19] nennen. Die Struktur der Objekte ist angelehnt an Objekte aus der Programmierung, um diese Entwicklern leichter verständlich zu machen.[20] Die Gruppierung unter MongoDB erfolgt durch Collections. Diese Collections sind vergleichbar mit den Tabellen einer relationalen Datenbank, jedoch haben sie kein festes Schema. Die Felder der Dokumente können also unterschiedlich sein. Zusätzlich gibt es noch Capped Collections, welche eine feste Größe haben. Sobald diese Größe erreicht wird, wird der älteste Eintrag der Collection gelöscht. Zuletzt gibt es noch die System Collections. In diesen Collections speichert MongoDB die Systeminformationen und lokale Metadaten ab.[21]

---

[15]vgl. Guy Harrison, 2010-08-23
[16]vgl. Rudolf Jansen, 2011-06-29
[17]vgl. DataStax, 2018
[18]vgl. Abu Fazal Abbas, 2016-09-10
[19]„MongoDB represents JSON documents in binary-encoded format called BSON behind the scenes" MongoDB, o.D.
[20]vgl. MongoDB, 2018d
[21]vgl. MongoDB, 2018g

## 2.4 Oracle DB Grundlagen

In diesem Teil werden der Global Data Service und Connection Pools erläutert, da Sie besondere Relevanz für das Oracle Sharding haben.

### 2.4.1 Oracle Global Data Services

Der Oracle Global Data Service wurde mit der Version 12c eingeführt. Dabei handelt es sich um eine komplette Lösung zum Verwalten von Workload bei replizierten Datenbanken. Es wird in Verbindung mit Oracle Golden Gate, Oracle Active Data Guard, Oracle Sharding und anderen Hochverfügbarkeitslösungen eingesetzt. Durch die Features automatisierte Workload Verwaltung und verschiedene Service Failover Möglichkeiten wird die Performance, Verfügbarkeit und Verwaltung der replizierten Datenbanken erhöht. [22] Des Weiteren optimiert es die Ressourcennutzung, was besonders im Hinblick auf das Oracle Sharding die Performance erheblich steigert. Mit dem Global Data Service (GDS) hat Oracle das Konzept des Global Services eingeführt. Der Global Service verwaltet mehrere Datenbanken global und managt die Verbindungen. Diese Datenbanken gehören zu einer bestimmten „Domain", welche als GDS Pool bezeichnet wird. Der Global Service erweitert dabei die Datenbank Services um Attribute, wie Global Service Placement und Replication Lag. Diese dienen dem GDS dazu den Workload nach bestimmten Kriterien zu verteilen. Somit entfällt die Notwendigkeit für jeden Workload eine logische Abstraktion in Form eines Datenbank Services zu haben. Clients verbinden sich also nicht mehr über den Service Name, sondern über den Global Service. Dabei wird die Verbindung durch den GDS an eine Datenbank weitergeleitet, welche aktuell wenig Workload hat. Dabei ist der Global Service nicht an eine logisch verknüpfte Datenbank gebunden, sondern ist in der Lage die Verbindung zu verschiedenen Datenbanken herzustellen.

Der GDS steht also logisch gesehen zwischen der Anwendungsebene und der Datenbankebene. Er kontrolliert und managt den Zugriff auf die Datenbanken. Dabei lassen sich über die Attribute des GDS der Instance Load und die Netzwerklatenz zwischen den Datenzentren, sowie bestimmte Workload-Management-Richtlinien (Regionen, Load Balancing Ziele, DB-Kardinalität, DB-Rolle, Replikationsauszeit) durch den Administrator konfigurieren.

---

[22]vgl. Oracle, 2018b

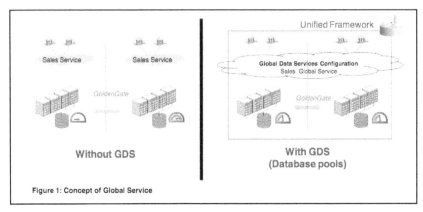

Abbildung 2: Quelle: Oracle White Paper Global Data Services, S. 5

Der GDS ist inbegriffen für alle Datenbanken, die eine Active-Data Guard oder Golden Gate Lizenzierung besitzen. Des Weiteren müssen die Datenbanken und der Datenbank Katalog mindestens Version 12.1 und eine Enterprise Edition (EE) sein.[23]

### 2.4.2 Connection Pools

Ein Connection Pool ist ein Cache für Verbindungsobjekte. Die Objekte in diesem Cache repräsentieren physikalische Datenbankverbindungen. Die Applikation stellt eine Verbindungsanfrage an den Pool. Dieser wählt eine passende Verbindung aus und gibt diese zurück. Wenn dies nicht möglich ist, wird die Anfrage an den Shard Director weitergeleitet, welcher eine neue Verbindung erstellt. Nachdem die Applikation fertig ist, wird die Verbindung wieder an den Connection Pool zurückgegeben und ist bereit für die nächste Anfrage.

Somit ermöglichen Connection Pools die Wiederverwendung von Verbindungen. Zudem wird die Wartezeit bei einer Verbindungsanfrage der Applikation reduziert.

Um die Performance beim Oracle Sharding zu erhöhen, wird das Connection Pooling in der Sharding Umgebung verwendet.[24]

---

[23]vgl. Oracle, 2013
[24]vgl. Oracle Help Center, 2018

## 2.5 Sharding

In diesem Teil wird zunächst erklärt, was Sharding ist und wo es eingesetzt wird. Dann wird der Begriff Skalierbarkeit definiert, da dieser eine zentrale Rolle im Bezug auf das Sharding spielt. Anschließend wird die Architektur der Sharding Lösung von Oracle erläutert und es gibt eine Übersicht über die benötigten Lizenzen.

### 2.5.1 Definition Sharding

Sharding ist eine Methode der Datenbankpartitionierung. Dabei werden die Daten horizontal partitioniert auf mehrere Server. Das bedeutet jeder Server hat seinen eigenen Teil der Daten.[25]Die Partition wird Shard genannt. Ein Shard ist also eine unabhängige Datenbank, welche auf einem Datenbank Server gehostet ist. Die Datenbank hat dementsprechend ihre eigenen Ressourcen (CPU, Speicher, etc.). Sie ist Teil eines Verbunds bzw. einer Sammlung von mehreren Datenbanken, die zusammen eine logische Datenbank darstellen. Durch das Aufteilen der Daten auf verschiedene Server wird die Last reduziert. Zudem wird der Single-Point-of-Failure (der einzelne Server mit allen Daten) eliminiert. Dabei ist das Schema der Shards immer das Gleiche, nur der Datenbestand ist unterschiedlich. Jedoch gibt es ebenfalls Szenarien, bei denen redundante Daten auf den Shards vorhanden sind. Das ist der Fall, wenn es bestimmte Daten/Datensätze gibt, die oft benötigt werden. Für diese Daten/Datensätze ist es sinnvoll sie redundant zu halten. Eine Abfrage eines weiteren Shards ist deutlich „kostenintensiver", als minimal mehr Speicherplatzverbrauch.[26] Die Vorteile des Shardings sind:

- Hochverfügbarkeit: Das Eliminieren des Single-Point-of-Failure (SPOF) ermöglicht es Anfragen an alle Shards zu stellen, unabhängig davon ob ein anderer Shard ausgefallen ist

- Verkürzung der Antwortzeiten: Durch das Aufteilen der Last auf mehrere Maschinen und das Aufteilen der Daten wird die Antwortzeit deutlich herabgesetzt

- Erhöhte Write-Leistung: Das Aufteilen ermöglicht es Änderungen parallel auf jedem einzelnen Shard durchzuführen

---

[25]vgl. solid IT GmbH, 2018c
[26]vgl. Rahul Roy, 2008

- Erhöhung der möglichen Transaktionen: Durch das Aufteilen der Last können mehr Useraktionen an der Applikation durchgeführt werden bzw. es können mehr User an der Applikation arbeiten.

[27]

Wie in der folgenden Grafik (Abb. 3) zu sehen, wird die Datenbank „User" einschließlich der Tabelle „User Table" auf zwei unabhängige Datenbanken aufgeteilt. Diese heißen ebenfalls User und beinhalten die gleiche Tabelle „User Table" mit der dazugehörigen Tabellenstruktur. Jedoch sind die vier Datensätze der Tabelle aufgeteilt, sodass die ersten beiden Datensätze in der ersten Datenbank und die letzten beiden in der zweiten sind. Die erste Datenbank befindet sich auf dem „Server 1" und die zweite Datenbank auf dem „Server 2". Die beiden Datenbanken sind somit komplett unabhängig voneinander und befinden sich nicht mehr auf einem gemeinsamen Server.

---

[27]vgl. Rahul Roy, 2008

15

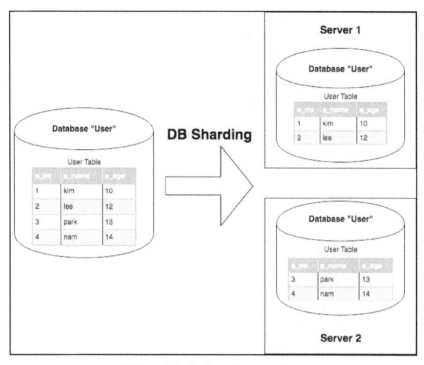

**Abbildung 3:** Quelle: Eigene Zusammenstellung

## 2.5.2 Definition Skalierbarkeit

Skalierbarkeit beschreibt die Fähigkeit eines Systems sich quantitativ steigenden Anforderungen anzupassen. Meist bezieht sich dies auf die Fähigkeit des Systems zu wachsen.[28] Im Zusammenhang mit Datenbanksystemen gibt es zwei Anforderungen, die steigen können. Das ist die Anzahl der Zugriffe und wie viele Daten geschrieben bzw. gespeichert werden.

Es gibt zwei Arten bzw. Möglichkeiten mit denen Skalierbarkeit erreicht wird.

Die erste Möglichkeit ist die vertikale Skalierung, auch scale up genannt. Dies beschreibt das Aufrüsten eines vorhandenen Servers durch bessere Hardwarekomponenten, wie z.B. bessere CPU oder Hauptspeicher. Dabei ist das Ziel dieser Verbesserung, entweder eine

---

[28]vgl. TH Köln, 2012-07-23

16

Verbesserung der Schnelligkeit der Komponenten, eine größere Kapazität oder eine erhöhte Ausfallsicherheit. Der Vorteil dabei ist, dass es keine Anpassungen an der Software geben muss.[29] Jedoch ist diese Variante der Verbesserung nicht unbegrenzt möglich, da die Kosten für bessere Komponenten exponentiell steigen und der Verbesserungsspielraum immer weiter sinkt. Ein weiterer negativer Punkt ist, dass das Ausfallrisiko bei wenigen oder einem Server steigt. Außerdem benötigt die Aufrüstung der Hardware Zeit, in der der Server nicht für den normalen Betrieb zur Verfügung steht.

Die zweite Möglichkeit ist das horizontale Skalieren, auch scale-out genannt. Dabei wird die Anzahl der Server erhöht. Es können beliebig viele Server miteinander vernetzt werden. Der einzelne Server ist nicht ausfallsicherer oder leistungsfähiger als die anderen Server im bereits vorhandenen Verbund. Er kann trotzdem das Gesamtsystem erweitern. Dies ist ein Vorteil gegenüber dem vertikalen Skalieren, der Ausfall eines Servers oder einer Verbindung zwischen zwei Servern ist für das Gesamtsystem nicht relevant. Dadurch wird die Ausfalltoleranz und die Verfügbarkeit enorm gesteigert. Jedoch ist es für die horizontale Skalierung nötig den Programmcode anzupassen, da sich nicht jede Software parallelisieren lässt.[30]

Datenbanksysteme, die horizontal skalieren, werden verteilte Datenbanksysteme genannt. Deswegen wird beim Oracle Sharding von einem verteilten Datenbanksystem gesprochen, welches die Daten durch horizontale Partitionierung skaliert.[31]

### 2.5.3 Architektur Oracle Sharding

Oracle Sharding ist ein Feature von Oracle, welches Hochverfügbarkeit und Skalierbarkeit für OLTP-Applikationen verspricht. Es ermöglicht die Verteilung und Replikation von Daten über mehrere Oracle Datenbanken, die keine Hardware oder Software teilen. Der Pool aus Datenbanken erscheint für die Applikation als eine logische Datenbank. Applikationen können auf jeder Ebene skaliert werden, sei es Daten, Transaktionen oder Benutzer. Dazu werden neue Datenbanken bzw. Shards zur Sharded Database hinzugefügt. Im ersten Release mit der Datenbankversion 12.2.0.1 können bis zu 1000 Shards verbunden werden.

Das Oracle Sharding bietet gegenüber Eigenentwicklungen eine deutlich bessere Laufzeit-Performance und leichtere Administration an. Zudem können die Vorteile der Enterprise

---

[29] vgl. solid IT GmbH, 2018d
[30] vgl. TH Köln, 2012-07-23
[31] vgl. solid IT GmbH, 2018d

Datenbank genutzt werden, denn Oracle Sharding unterstützt relationale Schemas, Structured Query Language (SQL), komplexe Datentypen, ACID-Eigenschaften und viele mehr.[32]

Der Verbund von mehreren Shards nennt sich Sharded Database. Ein Shard kann in verschiedenen Regionen oder Rechenzentren platziert werden. Eine Region ist im Oracle Sharding Kontext ein Rechenzentrum oder mehrere Rechenzentren, welche nah beieinander liegen. Dadurch wird die Performance von Abfragen erhöht, indem bestimmte Shards die Daten für eine bestimmte Region enthalten. Für eine Sharding Architektur wird kein gemeinsamer Speicher benötigt, wie z.B. in einer RAC-Umgebung.

Wie in der folgenden Grafik (Abb. 4) zu sehen, gehören zu der Sharding Architektur die folgenden Schlüsselkomponenten: Shards, Shard Director(GSM), Shard Catalog, Global Service und Connection Pools.

Shards wurden bereits im Kapitel Definition Sharding (Abschnitt 2.5.1) beschrieben. Um Hochverfügbarkeit und Disaster Recovery zu erreichen werden die Shards über Replikationsmethoden repliziert, wie z.B Active Data Guard. Für Hochverfügbarkeit wird der Standby Shard in der selben Region platziert. Für Disaster Recovery wird der Standby Shard in einer anderen Region platziert.

Der Shard Catalog ist eine spezielle Datenbank für die Sharding Architektur. Sie spielt eine Schlüsselrolle in der gesamten Architektur. Der Shard Catalog speichert die Konfigurationsdaten der Sharded Database und ist unter anderem zuständig für das automatisierte Deployment und das zentrale Management der Sharded Database.

Alle Änderungen an der Konfiguration, wie zum Beispiel das Hinzufügen oder Entfernen von Shards und Global Services, werden mit Hilfe des Shard Catalogs durchgeführt. Alle Data Definition Language (DDL) Kommandos in einer Sharded Architektur werden durch Verbinden mit dem Shard Catalog durchgeführt. Der Ausfall des Shard Catalogs beeinflusst die Verfügbarkeit der Sharded Database nicht. Lediglich administrative Aufgaben und Queries über mehrere Shards werden in Ihrer Performance negativ beeinflusst. Die Transaktionen der OLTP Applikation werden ebenfalls nicht beeinflusst. Diese werden von der Sharded Database ausgeführt und geroutet. Um diese Ausfälle abzufangen, empfiehlt Oracle einen Active Data Guard zu konfigurieren.

Der Shard Director übernimmt die Rolle der Koordination der verschiedenen Shards. Er koordiniert die Anfragen der Clients mit Hilfe des Global Service Managers zum richtigen Shard. Dabei stellt der Shard Director einen regionalen Netzwerk Listener dar. Dieser leitet die Verbindungen der Clients, unter Verwendung des jeweiligen Sharding

---

[32]vgl. Oracle, 2018d

Keys, der im Connection Request übergeben wird, an den richtigen Shard weiter. Die Shard Director werden standardmäßig auf einem Server je Region installiert. Dieser Server sollte in der Regel wenig Zugriffe haben. Zur Erhöhung der Verfügbarkeit wird empfohlen mehr als einen Shard Director bereitzustellen. In der aktuellen Version 12.2 können bis zu fünf Shard Director pro Region erstellt werden.[33]

Shard Directors stellen die folgenden Funktionen zu Verfügung: Sichern der Sharded Database (SDB) Konfiguration, Messen der Latenz zwischen Regionen, Fungieren als Listener, um auf die Sharded Database zuzugreifen, Managen der Global Services, Durchführen von connection und runtime load balancing, sowie Monitoren der Verfügbarkeit von Datenbankinstanzen und Global Services.

Der Global Service ist ein Service, der es Clients ermöglicht auf Daten der verschiedenen Shards in der SDB zuzugreifen. Er erweitert den bestehenden Datenbank Service um Eigenschaften wie Latenzen, Replikationslag und Regionsabhängigkeiten.

Die Connection Pools agieren zur Laufzeit als Shard Director. Das bedeutet, sie managen den Datenbankzugriff mit Hilfe verschiedener Connections im Pool.

Ein Zugriff bzw. eine Abfrage der Applikation läuft also folgendermaßen ab. Von der Applikation wird ein Connection Request zu der Sharded Database abgesetzt. Daraufhin wird anhand des Sharding Keys im Cache nachgeschaut, in welchem Shard sich die Daten befinden. Dann wird im Connection Pool eine passende Verbindung gesucht. Wenn eine passende Verbindung gefunden wurde, wird diese Verbindung mit Hilfe des internen *connection selection* Algorithmus zurückgegeben. Wenn keine passende Verbindung im Pool vorhanden ist, wird die Anfrage mit dem Sharding Key an den Shard Director weitergegeben. Dieser erstellt anschließend eine neue Verbindung.[34]

---

[33]vgl. Sebastian Solbach, 2017
[34]vgl. Oracle, 2017 S.5

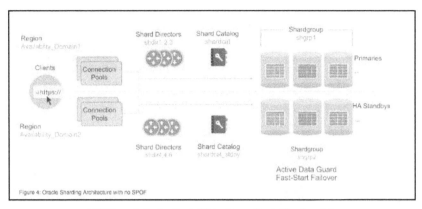

Abbildung 4: Quelle: Oracle White Paper: Oracle Sharding, S.4

Wie in der folgenden Grafik (Abb. 5) zu sehen, wird eine Routing Map im Cache aufgebaut. Das bedeutet ein Mapping, welcher Datensatz sich in welchem Shard befindet. Dieses Mapping wird mit Hilfe des Sharding Keys durchgeführt. Ab der ersten Verbindung zu einem Shard wird diese aufgebaut. Die Routing Map wird clientseitig gespeichert. Das Caching erlaubt es, doppelte Abfragen am Shard Director vorbei direkt an den Shard weiterzuleiten. Dadurch wird ein Netzwerk-Hop gespart und die Latenz gesenkt.[35]

---

[35]vgl. Oracle, 2018j S. 9 f.

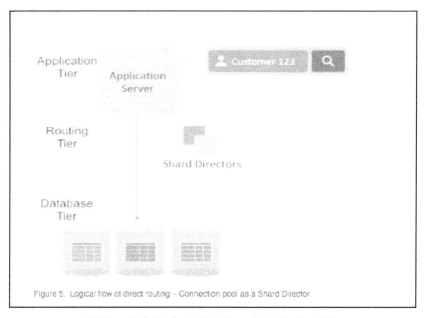

**Abbildung 5:** Quelle: Oracle White Paper: Oracle Sharding, S.10

Die folgende Grafik (Abb. 6)zeigt die zweite Variante, das Proxy Routing. Die Pfeile in der Grafik stellen die Verbindung zwischen den Objekten dar. Wie in der Grafik zu sehen, werden beim Proxy Routing sämtliche Anfragen an den Koordinator bzw. den Shard Catalog gestellt. Dieser muss die Anfrage dann in veränderter Form an die Shards (Data Tier) weiterleiten.

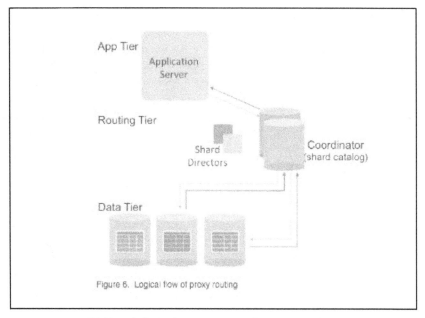

Figure 6. Logical flow of proxy routing

**Abbildung 6:** Quelle: Oracle White Paper: Oracle Sharding, S.11

### 2.5.4 Oracle Sharding Datenmodell und Applikationsanforderungen

Die Tabellen jedes Shards basieren auf einer Ursprungstabelle, welche ihre Eigenschaften auf die Tabellen der Shards vererbt. Dabei muss jede Sharded Tabelle den Sharding Key enthalten und dieser muss die führende Spalte im Primärschlüssel sein. Dieser Sharding Key ist vergleichbar mit einem Partitionsschlüssel. Anhand des Sharding Keys verteilt Oracle die Daten auf die einzelnen Shards. Eine Tabelle mit dem gleichen Sharding Key wird als Chunk bezeichnet. Wenn es zu einem Resharding kommt, also einer Neuverteilung der Daten über die Shards, ist dies die Einheit mit der die Neuverteilung durchgeführt wird.

Grundsätzlich gibt es zwei unterschiedliche Methoden des Shardings: System-Managed und Composite.

System-Managed sharding: Die System-Managed Variante partitioniert die Daten mit einem konsistenten Hash. Anhand des Hashs werden die Daten auf die Shards aufge-

22

teilt. Diese Methode verteilt die Daten gleichmäßig über die Shards und verhindert eine Ungleichverteilung der Daten. Dadurch wird der Workload gleichmäßig auf alle Shards verteilt und die Performance allgemein verbessert. Außerdem gleicht das System-Managed Sharding die Shards automatisch wieder aus, wenn ein Shard hinzugefügt oder gelöscht wird. Jedoch hat der Administrator durch diese Aufteilung keinerlei Einfluß auf die Lokalität der Daten. Dabei setzt das Oracle Sharding auf dem Oracle Partitioning auf. Das bedeutet, Sharding ist eine verteilte horizontale Partitionierung. Jedoch sind die Tablespaces der Partitionen ebenfalls über die Shards verteilt. Also ist der Partitionsschlüssel gleichzeitig auch der Primärschlüssel bzw. Teil des Primärschlüssels der Sharded Tabelle. Zur Erstellung einer Tabelle wird die „normale" SQL-Syntax verwendet. Im folgenden Beispiel SQL wird eine Tabelle Customer erstellt, die partitioniert wird mit der Customer ID.[36]

```
CREATE SHARDED TABLE customers
( cust_id   NUMBER NOT NULL
, name      VARCHAR2(50)
, address   VARCHAR2(250)
, region    VARCHAR2(20)
, class     VARCHAR2(3)
, signup    DATE
CONSTRAINT cust_pk PRIMARY KEY(cust_id)
)
PARTITION BY CONSISTENT HASH (cust_id)
TABLESPACE SET ts1
PARTITIONS AUTO;
```

Listing 1: 'CREATE SHARDED TABLE'

[37] Dabei werden die Tablespaces automatisch als eine Einheit auf allen Shards erstellt. Diese Einheit nennt sich Tablespace set. Die Option PARTITIONS AUTO bewirkt, dass die Zahl der Partitionen automatisch festgelegt und in den richtigen Tablespace gemapped werden soll.

Beim System-Managed Sharding sind die Chunks relativ klein und gleich groß. Chunks sind die Einheit für Datenmigrationen in der Sharded Database. Ein Chunk ist eine Menge an Tablespaces, um Partitionen von allen Tabellen in einer Table Family zu ordnen. Das heißt, ein Chunk enthält eine Partition mehrerer Tabellen aus einer bestimmten Menge an Tabellen. Dadurch wird garantiert, dass zusammengehörige Daten von verschiedenen Sharded Tabellen zusammen verschoben werden. Die Anzahl der

---

[36]vgl. Oracle, 2018j S. 6 f.
[37]Oracle, 2018j S. 6

Chunks wird beim Erstellen der Sharded Database festgelegt. Der Standard beträgt 120 Chunks pro Shard.[38] Ein weiteres Feature sind die sogenannten Duplicated Tables. Dadurch können Abfragen über mehrere Shards minimiert werden. Daten, die oft zusammen mit der Sharded Tabelle abgefragt werden, werden redundant lokal auf dem Shard gespeichert. Für diese Duplicated Tables benutzt Oracle Sharding Materialized View Replikation. Das heißt eine duplicated Table wird durch eine read-only Materialized View auf dem Shard dargestellt. Die Master Tabelle der View ist dabei auf dem Shard Catalog gespeichert. Die Materialized View auf dem Shard wird in einem konfigurierbarem Abstand automatisch aktualisiert. Die Erstellung der Master Tabelle und allen anderen benötigten Objekten zur Materialized View Replikation, werden durch das CREATE DUPLICATED TABLE erstellt.

Beim Composite Sharding handelt es sich um eine „doppelte Partitionierung". Erst werden die Daten nach List oder Range mit dem Super Sharding Key partitioniert und anschließend nach konsistentem Hash mit dem Sharding Key. Diese Methode ermöglicht es Daten zu einer Gruppe von Shards zusammenzufassen und die Daten dann gleichmäßig auf die Shard-Gruppen zu verteilen. Besonders gut geeignet ist diese Methode für Daten, die an eine bestimmte geographische Position gebunden sind.

Das ermöglicht die Erstellung von sogenannten Shardspaces. Dabei handelt es sich um eine Gruppe von Shards, die nach einem konsistenten Hash partitionierte Daten speichern. Das folgende Statement erstellt eine Tabelle mit composite Sharding. Diese benutzt den Standort, welcher in der Spalte geo steht, als Super Sharding Key zur ersten Partitionierung. Zur Unterscheidung des Kunden in der spezifischen Region, wird die Spalte cust_id verwendet.[39]

---

[38]vgl. Sebastian Solbach, 2017
[39]vgl. Oracle, 2018j S.7 f.

```
CREATE SHARDED TABLE customers
( cust_id NUMBER NOT NULL
, name VARCHAR2(50)
, address VARCHAR2(250)
, geo VARCHAR2(20)
, class VARCHAR2(3)
, signup_date DATE
, CONSTRAINT cust_pk PRIMARY KEY(geo, cust_id) )
PARTITIONSET BY LIST (geo)
PARTITION BY CONSISTENT HASH (cust_id)
PARTITIONS AUTO
(PARTITIONSET AMERICA VALUES ('AMERICA') TABLESPACE SET tbs1,
PARTITIONSET ASIA VALUES ('ASIA') TABLESPACE SET tbs2)
;
```

**Listing 2:** 'CREATE SHARDED TABLE'

[40] Hinsichtlich der Applikationsanforderungen gibt es die größte Änderung. Bei der Applikationsentwicklung muss berücksichtigt werden, dass die Applikation mit einer Sharded Datenbank arbeitet. Zum Beispiel ist es nicht möglich ein Update von einem Shard Schlüssel durchzuführen. Denn es gibt keinen Mechanismus, der bei einem Update einen Datensatz in einen anderen Chunk bzw. Shard verschiebt. Um dies zu realisieren, wird der gesamte Datensatz gelöscht und neu angelegt. Was sich bei vielen voneinander abhängigen Datensätzen als schwierig erweist.

Eine weitere Anforderung ist, dass Applikationen für optimale Performance nur in einem Shard arbeiten und bereits beim Zugriff den Sharding Key mitteilen. Deswegen muss die Applikation mit der Verbindung den Wert des Sharding Keys übergeben. Aufgrund dessen sollte mit Oracle Connection Pools gearbeitet werden. Diese sind an die Anforderungen des Oracle Shardings angepasst.

Falls die Applikation zwingend mit Abfragen über mehrere Shards arbeiten muss oder keinen Sharding Schlüssel bestimmen kann, wird das Proxy Routing eingesetzt. Beim Proxy Routing ermittelt der Sharding Katalog den richtigen Shard und gibt die Abfrage an diesen weiter. Jedoch kommt es dadurch zu einer schlechteren Performance, da der Sharding Director die Daten der verschiedenen Shards aggregieren muss.[41]

---

[40]Oracle, 2018j S.8
[41]vgl. Sebastian Solbach, 2017

## 2.5.5 Lizenzen

Für Sharded Datenbanken mit drei oder weniger Primary Shards[42], ist Oracle Sharding in der Enterprise Edition enthalten. Zudem ist die Data Guard Lizenz zur Ausfallsicherheit der Shards enthalten. Für die Standby Shards [43] gibt es kein Limit. Sofern bei den drei primären Shards Active Data Guard, Oracle Golden Gate oder Oracle RAC benutzt wird, muss dies trotzdem lizenziert werden. Primary Shards sind Shards auf die zugegriffen werden kann, die aber nicht zur Replikation dienen.

Für mehr als drei primäre Shards gilt, dass jeder Shard mit einer Oracle EE sowie einer Hochverfügbarkeitsoption lizenziert werden muss. Das bedeutet es muss mindestens eine Hochverfügbarkeitslizenz vorhanden sein. Dazu zählen entweder Data Guard, Oracle Golden Gate oder Oracle RAC. Wenn eine Oracle Unlimited License Agreement (ULA) für EE und eine der Hochverfügbarkeitslösungen vorhanden ist, kann Oracle Sharding ohne weitere Kosten verwendet werden.[44]

## 2.6 Oracle Real Application Cluster (RAC)

Oracle RAC ist ein Feature von Oracle um horizontale Skalierbarkeit oder scale-out von Datenbanken zu erreichen. Dabei werden mehrere Datenbankserver zu einem Server gruppiert. Dieser Zusammenschluss nennt sich Cluster Infrastructure. Diese Server werden durch einen privaten interconnect [45] miteinander verbunden und arbeiten zusammen als ein virtueller Server, der großen Workload von Applikationen verarbeiten kann. Dieser Cluster wird durch Hinzufügen oder Entfernen von Servern an den Workload angepasst. Die Architektur hinter einem RAC basiert auf einer shared everything Architecture. Das bedeutet, alle Server in einem Cluster greifen auf die selbe Datenbank zu und teilen sich einen Storage. Oracle RAC schließt mehrere Server zusammen, die dann als ein einzelnes System handeln. Dieser Aktiv/Aktiv Cluster setzt auf der Grid Infrastructure (2.6.1) auf.[46]

---

[42]Die Bezeichnung Primary Shard bezieht sich auf die Data Guard Konfiguration. Ein Primary Shard bezeichnet die Primary databases einer Sharding Architektur.

[43]Die Bezeichnung Standby Shard bezieht sich auf die Data Guard Konfiguration. Ein Standby Shard bezeichnet die Standby databases einer Sharding Architektur.

[44]vgl. Oracle, 2018j S.18 f.

[45]„The interconnect network is a private network using a switch (or multiple switches) that only the nodes in the cluster can access." Oracle, 2012 S.4

[46]vgl. Riyaj Shamsudeen, Syed Jaffar Hussain, 2013 S.4 f.

### 2.6.1 Architektur

In einer Oracle RAC Konfiguration liegen alle Datenbankdateien in einem Shared Storage, welcher für alle Server in dem Cluster zugreifbar ist. Dabei läuft die Datenbank auf allen Servern, mit Hilfe einer RAC Datenbankinstanz. Anders als bei Single-node Datenbanken, hat eine RAC Datenbank eine oder mehrere Datenbankinstanzen pro Datenbank und ist dafür konzipiert schnell und unkompliziert neue Instanzen hinzuzufügen. Alle Instanzen der Datenbank haben Zugriff auf die Datenbankdateien. Um die Last zu verteilen, kann der Oracle RAC den Workload der Datenbank auf die verschiedenen RAC Instanzen aufteilen. Mit dieser Architektur können Ausfälle von N-1 Knoten aufgefangen werden. Dabei stellt N die absolute Anzahl der Knoten im Cluster da. Wenn ein oder mehrere Knoten ausfallen werden diese automatisch an einen anderen RAC Knoten weitergeleitet.

Wie in der folgenden Grafik (Abb. 7) zu sehen, sind die User mit der Datenbank verbunden und können mit Hilfe von drei Knoten Operationen ausführen. Diese drei Knoten greifen alle auf den Shared Storage zu. Somit sind sie logisch gesehen eine Datenbank. Diese Datenbanken sind durch einen Cluster Interconnect verbunden. Dieser dient der Kommunikation der RAC Knoten untereinander. Das heißt, damit verbunden sind dementsprechend nur die RAC Knoten. Darüber werden sogenannte Heartbeats versendet, diese dienen zur Identifikation der Knoten. Wenn ein Knoten keinen Heartbeat sendet, können die restlichen Knoten im Cluster feststellen, dass dieser offline ist. Zu der Architektur zählt außerdem die Grid Infrastructure, die auf jedem RAC Node läuft. Diese beinhaltet die Oracle Clusterware und Oracle Automatic Storage Management (ASM). Oracle Clusterware ist dabei für das Cluster Management zuständig. Es schließt die Server mit Hilfe eines interconnects zu einem Cluster zusammen. Oracle ASM ist die zentrale Speicherverwaltung. Es verwaltet die Datenbankdateien, da diese von allen Cluster Knoten geteilt werden. Darüber agiert der Oracle RAC, der die Koordination der Kommunikation und die Verwaltung der Speicher I/Os zwischen den Knoten übernimmt.[47]

---

[47]vgl. Riyaj Shamsudeen, Syed Jaffar Hussain, 2013 S.5 f.

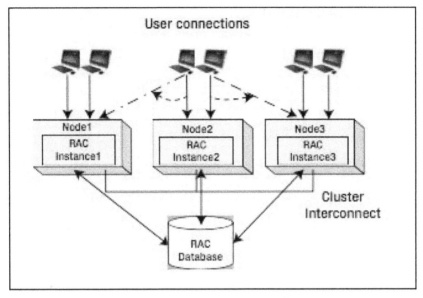

**Abbildung 7:** Quelle: Expert Oracle 12c, S. 5

# 3 Oracle Sharding

## 3.1 Vorbereitung

Die Vorbereitung umfasst mehrere Punkte, dazu gehören:

- Die Applikation überprüfen, welche mit der Sharded Database arbeiten soll
- Evaluieren der Sharding-Methode
- Hard- und Softwareanforderungen überprüfen

### 3.1.1 Vorbereitung der Applikation

Oracle schreibt für die Applikation einige Anforderungen vor. Dabei wird betont, dass Oracle Sharding für OLTP Applikationen gedacht ist, die für eine Sharded Database konzipiert wurden. Eine solche Applikation nennt sich Sharded Applikation. Die erste Anforderung an eine Sharded Applikation ist, dass diese ein durchdachtes Datenmodell und eine definierte Verteilungsstrategie der Daten hat. Damit ist gemeint, dass die Applikation für eine bestimmte Partitionsvariante ausgelegt ist. Es soll nur Abfragen geben, die über den Sharding Key auf die Daten zugreifen. Dazu ist es nötig, dass der Sharding Key mit der Applikation abgestimmt wird.

Die nächste Anforderung, die in engem Zusammenhang damit steht ist, dass der Sharding Key in jeder Tabelle vorhanden ist. Sonst kann auf diese Daten nicht zugegriffen werden. Des Weiteren muss der Sharding Key die führende Spalte in der Root Tabelle sein. Die Root Tabelle ist die zentrale Tabelle der Tabellen-Familie. Dabei besteht eine sogenannte Tabellen-Familie aus einer Root-Tabelle und mehreren Kind bzw. Kindes-Kind-Tabellen. Die Tabellen-Familien sind hierarchisch aufgebaut, so dass immer über die Root-Tabelle auf alle weiteren Tabellen zugegriffen wird.

Eine weitere Anforderung ist, dass der Großteil der Transaktionen auf einem Shard agiert. Wenn dies nicht der Fall ist, wird die Performance der Sharded Database negativ beeinflusst. Dabei ist es möglich auf 10 bis zu 100 Tausend Zeilen zuzugreifen.

Des Weiteren ist es möglich in einer Sharded Datenbank mit referentiellen Integritäten zu arbeiten. Diese erleichtern die Erstellung, jedoch sind sie nicht erforderlich, um eine Tabellen-Familie zu erstellen. Dadurch muss diese Logik nicht mehr in der Applikation realisiert werden. Tabellen die nicht „shard-able" sind, werden als Duplicated Tabellen erstellt und können nicht über die Shards verteilt werden. Diese sind unter besonderen Umständen sinnvoll, z.B. wenn es Daten gibt, die oft zusammen abgefragt werden. Eine weitere Anforderung von Oracle ist, dass Connection Pools benutzt werden müssen. Dabei unterstützt Oracle die Schnittstellen Universal Computer Protocol (UCP),Open Catalog Interface (OCI), Open Data Port (ODP).NET und Java Database Connectivity (JDBC). Es sollten verschiedene Connection Pools für die Varianten direct routing und proxy routing verwendet werden. Der Grund dafür ist, dass beim direct routing die Verbindung direkt zum richtigen Shard hergestellt wird. In diesem Connection Pool sind logisch gesehen direkte Verbindungen zu den Shards. Beim Proxy Routing wird die Verbindung zum Koordinator hergestellt und an diesen werden alle SQL-Abfragen bzw. Data Manipulation Language (DML)-Operationen gestellt. Daher ist es sinnvoll verschiedene Connection Pools für die beiden Varianten zu implementieren, da diese verschiedene Ziele haben.

Außerdem sollte für lesende und schreibende Abfragen ein eigener Global Service existieren, sowie für ausschließlich lesende Abfragen. Das ist bedeutsam, da lesende Abfragen an den Standby Shard gestellt werden. Abfragen, die lesen und schreiben, werden an den Primary Shard gestellt. Somit wird der Workload auf dem Primary Shard noch einmal gesenkt. Dies kann nur realisiert werden mit separaten Global Services, da diese den Zugriff auf die Shards koordinieren.

Die letzte Anforderung ist, dass die Applikation für jede Anfrage mit dem Sharding Key, eine neue Verbindung aus dem Connection Pool anfordern muss. Sonst ist es möglich, dass die Anfrage an den falschen Shard gestellt wird, da eine falsche Verbindung verwendet wird.[48]

### 3.1.2 Vorbereitung Hardware/Deployment

Die Hardware, Software und Operating System (OS) Voraussetzungen sind die gleichen wie bei der Oracle Datenbank und beim Global Service Manager. Eine weitere Voraussetzung ist, eine geringe Netzwerklatenz um optimale Performance des Shardings zu garantieren. Außerdem müssen genügend Server vorhanden sein, um die Datenbank auf diese zu verteilen. Eine minimale Anzahl von Servern wären drei, damit die Sharded Database auf zwei Server verteilt ist. Der dritte Server wird als Shard Catalog eingesetzt. Jedoch ist es mit steigenden Zugriffen auf die Datenbank zu empfehlen, mehr als drei Server zu verwenden, um optimal von der Lastverteilung zu profitieren.

---

[48]vgl. Oracle, 2018j S.12 f.

Beim Deployment muss zwischen zwei Varianten entschieden werden. Die erste Variante wird durch das CREATE SHARD Kommando ausgeführt. Dabei wird der Shard automatisch mit Hilfe des Sharding Management Tiers mit der gesamten Replikationskonfiguration erstellt. Dieser Prozess wird durch das DEPLOY Kommando angestoßen. Unter Verwendung des DBMS_SCHEDULER Packages wird mit dem Scheduler Agent auf dem Host des Shards kommuniziert und der Aufbau des Shards eingeleitet. Dabei werden der Database Configuration Assistant (DBCA) und NETCA zur Erstellung des Shards und der lokalen Listener benutzt. Anschließend werden die Standby Shards durch den RMAN DUPLICATE erstellt. Zum Schluss wird der Data Guard Broker initialisiert und Fast Start Failover aktiviert, damit der Standby Shard im Fehlerfall übernehmen werden kann. Die zweite Methode ist das ADD SHARD Kommando. Dieses Kommando wird verwendet, wenn die Datenbanken manuell mit speziellen Anforderungen erstellt werden. Durch das Kommando wird der zuvor erstellte Shard in die Sharded Database eingebunden. Trotzdem werden bei dem DEPLOY die Data Guard, Data Guard Broker und Fast-Start-Failover Konfigurationen automatisch durchgeführt. Wenn schon eine Konfiguration vorhanden ist, wird der Shard problemlos hinzugefügt.[49]

## 3.2 Aufbau einer Sharding Umgebung

In diesem Teil wird der konkrete Aufbau einer System-Managed Sharded Database aufgezeigt.

---

[49]vgl. Oracle, 2018f

## 3.2.1 Installation/Einrichtung

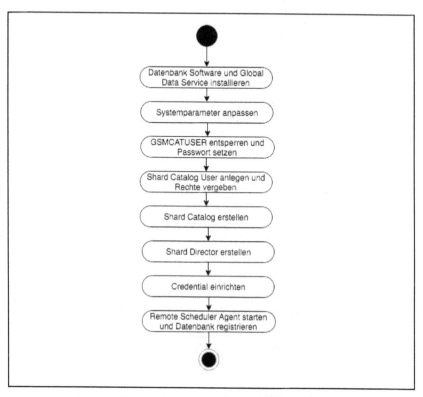

**Abbildung 8:** Installation und Einrichtung für eine Sharded Database
Quelle: Eigene Zusammenstellung (Aktivitätsdiagramm UML 2.0)

Nachdem die Vorbereitungen durchgeführt wurden, startet die Installation der erforderlichen Komponenten. Zuerst wird eine Oracle Database Software auf jedem System installiert, das entweder einen Shard Catalog oder einen Shard hosten soll. Es wird empfohlen einen User für das Operating System einzurichten, von dem aus die Sharded Database und der Shard Director ausgeführt werden. Dazu wird dieser zur DBA Gruppe hinzugefügt. Die Installation der Software wird über den Installer durchgeführt. Entscheidend ist dabei, dass es sich um eine Enterprise Edition und eine Single Instance Datenbank handelt.

Nachdem die Datenbank Software installiert wurde, muss die Shard Director Software installiert werden. Die Software für den Shard Director ist der GDS. Dieser wird auf jedem System installiert, wo ein Shard Director gehostet werden soll. Anschließend müssen die Umgebungsvariablen inklusive der Ordner für die Datenbankdateien und die Fast Recovery Area eingerichtet werden. Dann wird auf dem Server des Shard Catalogs mittels DBCA eine Datenbank erstellt. Die Konfiguration dieser Datenbank ist dem Anhang zu entnehmen. Der Name der Datenbank des Shard Catalogs ist in diesem Fall „shardcat". Nachdem die Datenbank erfolgreich erstellt wurde, werden die Umgebungsvariablen überprüft.[50]

```
$ env |grep ORA
ORACLE_SID=shardcat
ORACLE_BASE=/oracle
ORACLE_HOME=/oracle/product/12.2.0
```

**Listing 3:** 'Umgebungsvariablen' **Quelle:** vgl. Oracle, 2018g

Außerdem muss der Listener des Shard Catalogs gestartet werden, sofern dies nicht schon erfolgt ist. Danach werden die Werte zur Lokation der Datafiles und zur maximalen Anzahl an Verbindungen zur Datenbank gesetzt. Diese Werte werden individuell für jeden Anwendungsfall angepasst.

```
$ sqlplus / as sysdba

SQL> alter system set db_create_file_dest='/oracle/oradata' scope=
    both;
SQL> alter system set open_links=16 scope=spfile;
SQL> alter system set open_links_per_instance=16 scope=spfile;
```

**Listing 4:** 'DB-Parameter' **Quelle:** vgl. Oracle, 2018g

Damit diese Änderungen wirksam werden, wird die Datenbank neu gestartet. Anschließend wird das Schema GSMCATUSER entsperrt und ein Passwort gesetzt. Mit diesem Schema verbindet sich der Shard Director mit der Shard Catalog Database.

```
SQL> alter user gsmcatuser account unlock;
SQL> alter user gsmcatuser identified by password;
```

**Listing 5:** 'GSMCATUSER' **Quelle:** vgl. Oracle, 2018g

Danach wird das Administrator Schema erstellt und diesem werden Rechte vergeben. Dieser Account heißt in diesem Fall „mysdbadmin". Das ist ein User in der Shard Catalog Datenbank, welcher Informationen über die Sharding Umgebung speichert. Dieser User

---

[50]vgl. Oracle, 2018f

ist das Datenbank Schema, um administrative Anpassungen an der Sharded Database zu machen. Der Global Data Services Control Utility (GDSCTL) verbindet sich dafür mit diesem User und dieser führt die erforderlichen Änderungen an der Datenbank durch.

```
SQL> create user mysdbadmin identified by password;
SQL> grant connect, create session, gsmadmin_role to mysdbadmin;
SQL> grant inherit privileges on user SYS to GSMADMIN_INTERNAL;
```

**Listing 6:** 'Create Administator Schema' **Quelle:** vgl. Oracle, 2018g

Anschließend wird die eigentliche Konfiguration des Shard Catalogs durchgeführt. Nachdem der GDSCTL gestartet wurde, wird der Shard Catalog mit dem Folgenden Kommando erstellt. In diesem Kommando wird zuerst der connect identifier für die Datenbank des Catalogs angegeben und die Anzahl der Chunks. Zudem wird der Datenbankuser und der Name für die Datenbank angegeben. Außerdem werden dem Create Shardcatalog die Region und die Verbindungsdaten des Remote Scheduler Agents mitgegeben.

```
GDSCTL> create shardcatalog -database vm903:1521:shardscat -chunks
    12 -user mysdbadmin/password -sdb cust_sdb -region region1,
    region2 -agent_port 43391 -agent_password password
```

**Listing 7:** 'Create Shardcatalog' **Quelle:** vgl. Oracle, 2018g

Dann wird der Shard Director auf dem jeweiligen Host erstellt und gestartet. Diese beiden Schritte werden auf jedem Host durchgeführt, auf dem ein Shard Director laufen soll. Dazu wird der Name und die Region durch passende Werte ersetzt.

```
GDSCTL> add gsm -gsm sharddirector1 -listener 1571 -pwd password -
    catalog vm903:1521:shardcat -region region1
GDSCTL> start gsm -gsm sharddirector1
```

**Listing 8:** 'Add GSM' **Quelle:** vgl. Oracle, 2018g

Hierbei gilt es zu beachten, dass der angegebene Port des Listeners sich vom Listener des Shard Catalogs unterscheidet, sofern ein Shard Catalog vorhanden ist. Sonst kann der Shard Director nicht auf dem angegebenen Port starten und es gibt eine Fehlermeldung. Nachdem die Shard Director erfolgreich eingerichtet und gestartet wurden, wird mittels GDSCTL ein Credential erstellt. Dies wird für den Remote Scheduler Agent benötigt, damit dieser beim Deploy auf den Shards die nötigen Kommandos ausführen kann. Der Username und das Passwort müssen also Zugangsdaten für die Hosts der Shards sein, nicht für den Host des Catalogs. Falls die User bei den Hosts unterschiedlich sind, wird für jeden Shard ein solches Credential erstellt.

```
GDSCTL> add credential -credential oracle_cred -osaccount oracle -
    ospassword password
```

**Listing 9:** 'Add Credential' **Quelle:** vgl. Oracle, 2018g

Abschließend wird der Remote Scheduler Agent gestartet und die Datenbank registriert. Falls zuvor noch nicht erledigt, wird auf jedem Host ein Ordner für die Datenbankdateien und Fast Recovery Area erstellt, da diese beim Erstellen der Shards benötigt werden. Das wird auf jedem Host durchgeführt, der ein Shard werden soll. Beim Registrieren der Datenbank mit -registerdatabase wird der Hostname oder die IP-Adresse des Shard Catalog Hosts angegeben. Dazu wird der Port, welcher zuvor im create shardcatalog angegeben wurde, mitgegeben.

```
$ ssh oracle@vm904
passwd: oracle

$ schagent -start
$ schagent -status
$ schagent -registerdatabase vm903 43391
```

**Listing 10:** 'Remote Scheduler Agent' **Quelle:** vgl. Oracle, 2018g

## 3.2.2 Erstellen der Sharded Database (SDB)

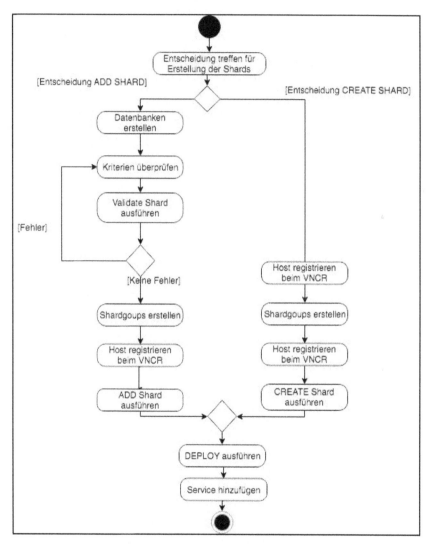

**Abbildung 9:** Installation und Einrichtung für eine Sharded Database
Quelle: Eigene Zusammenstellung (Aktivitätsdiagramm UML 2.0)

Um eine Sharded Database aufzubauen sind die folgenden Schritte nötig:

- Erstellen der Shardgoups und der Shards

- Erstellen und Konfigurieren der Datenbanken, die als Shards benutzt werden sollen

- Ausführen des DEPLOY-Kommandos

- Erstellen der rollenbasierten Global Services

Beim System-Managed Sharding werden die Daten nicht einem Shard zugewiesen, sondern sie werden automatisch per Hash auf die Shards verteilt.
Wenn mit dem Kommando ADD SHARD gearbeitet wird, werden zuerst die Datenbanken für die Shards erstellt. Dabei sind folgende Kriterien zu beachten:

- Es dürfen keine Container Datenbanken (CDB) sein

- Sie müssen pro Host einen Listener auf dem Port 1521 haben

- Der User GSMUSER muss geöffnet und das Passwort bekannt sein

- Primary und Standby Server müssen entsprechend ihrer Rollen konfiguriert sein

- Redo Apply sollte konfiguriert sein zwischen Primary und Standby

- Flashback und force logging sollte aktiv sein

- Der „compatible" Parameter muss mindestens bei 12.2.0 sein

- Ein SPFILE muss verwendet werden

- Ein DATA_PUMP_DIR Objekt muss erstellt werden und auf einen gültigen Pfad verweisen

[51] Nach dem Erstellen der Shards muss auf jedem Host überprüft werden, ob die Datenbank korrekt aufgesetzt wurde, um Sharding durchzuführen.

```
SQL> set serveroutput on
SQL> execute DBMS_GSM_FIX.validateShard
```

**Listing 11:** 'Validate Shard' **Quelle:** vgl. Oracle, 2018h

---

[51]vgl. Oracle, 2018h

Ab hier sind die Schritte sowohl für das ADD SHARD Kommando, als auch für das CREATE SHARD Kommando gleich.

Zuerst wird sich mit dem Host des Shard Catalogs verbunden. Dann wird der aktuelle Global Service Manager gesetzt und über den Administrationsaccount wird sich mit dem Shard Catalog verbunden. Anschließend wird eine Shardgroup für die Primary Shards erstellt und eine Shardgroup für die Standby Shards. Hier sind auch mehrere Gruppen möglich.

```
$ ssh oracle@vm903
$ gdsctl
GDSCTL> set gsm -gsm sharddirector1
GDSCTL> connect mysdbadmin/password
GDSCTL> add shardgroup -shardgroup primary_shardgroup -deploy_as
    primary -region region1
GDSCTL> add shardgroup -shardgroup standby_shardgroup -deploy_as
    active_standby -region region2
```

**Listing 12:** 'Remote Scheduler Agent' **Quelle:** vgl. Oracle, 2018h

Nachdem die Shardgroups erstellt wurden, wird jeder Host bei dem *valid node checking for registration feature* registriert. Dieser dient der Überprüfung, ob die IP-Adresse, der Host oder das Subnetz beim Shard Director authorisiert sind. Danach wird entweder das CREATE SHARD Kommando ausgeführt oder das ADD SHARD Kommando, je nachdem welche Variante gewählt wurde. Beim CREATE SHARD Kommando wird das Credential angegeben, damit per Remote Scheduler auf dem Host der Shard erstellt werden kann. Außerdem ist es möglich mit dem Parameter *sys_password*, das Passwort des SYS Users auf dem Shard festzulegen.

Im Folgenden Beispiel werden zwei Primary Shards mit jeweils einem Standby Shard angelegt.

```
GDSCTL add invitednode vm904
GDSCTL create shard -shardgroup primary_shardgroup -destination
    vm904 -credential oracle_cred -sys_password password
GDSCTL create shard -shardgroup standby_shardgroup -destination
    vm904 -credential oracle_cred -sys_password password
GDSCTL add invitednode vm905
GDSCTL create shard -shardgroup primary_shardgroup -destination
    vm905 -credential oracle_cred -sys_password password
GDSCTL create shard -shardgroup standby_shardgroup -destination
    vm905 -credential oracle_cred -sys_password password
```

**Listing 13:** 'CREATE SHARD' **Quelle:** vgl. Oracle, 2018h

Das zugehörige ADD Shard Kommando um eine Datenbank in die Shardgroup hinzuzufügen, sieht wie folgt aus:

```
GDSCTL> add shard -shardgroup shgrp1 -connect vm903:1521/shardcat -
pwd password
```
**Listing 14:** 'ADD SHARD' **Quelle:** vgl. Oracle, 2018h

Wenn die Erstellung bzw. das Hinzufügen erfolgreich war, wird die Konfiguration der Shards überprüft. Diese Überprüfung erfolgt vom Shard Catalog aus. Dabei sind die Namen sh1 usw. systemgenerierte Namen für die Datenbanken der Shards.

```
GDSCTL> config
GDSCTL> config shardspace
GDSCTL> config shardgroup
GDSCTL> config vncr
GDSCTL> config shard
```
**Listing 15:** 'Config' **Quelle:** vgl. Oracle, 2018h

Nachdem die Konfiguration überprüft wurde, wird das DEPLOY Kommando abgesetzt. Wenn das CREATE SHARD Kommando zuvor benutzt wurde, dann werden automatisch mittels DBCA Primary und Standby Shards erstellt. Archivelog und flashback sind für alle Shards aktiviert, da sie für den Fast-Start Failover benötigt werden. Wenn die Primary und Standby Shards erstellt wurden, wird der Data Guard Broker mit Fast Start Failover aktiviert.

```
GDSCTL> deploy
```
**Listing 16:** 'Deploy' **Quelle:** vgl. Oracle, 2018h

Wenn das DEPLOY-Kommando erfolgreich durchgeführt wurde, wird überprüft, ob alle Shards erstellt und in die Umgebung eingebunden wurden. Dies wird durch das Kommando CONFIG SHARD durchgeführt. Des Weiteren ist es sinnvoll zu überprüfen, dass alle Shards im Shard Catalog registriert sind. Zusätzlich sollte jeder Shard einzeln überprüft werden.

```
GDSCTL> config Shard
GDSCTL> databases
GDSCTL> config shard -shard sh1
```
**Listing 17:** 'Überprüfen' **Quelle:** vgl. Oracle, 2018h

Als nächstes wird der Global Data Service eingerichtet, mit dem sich der Client auf die Sharded Database verbindet. Der erste Global Service wird benutzt, um lesende und schreibende Transaktionen der OLTP-Applikation auf dem Primary Shard auszuführen. Ein zweiter Service wird eingerichtet, um rein lesende Abfragen auf dem Standby

Shard auszuführen. Damit wird der Workload der lesenden Abfragen auf beide Server aufgeteilt.

```
GDSCTL> add service -service oltp_rw_srvc -role primary
GDSCTL> config service
GDSCTL> start service -service oltp_rw_srvc
GDSCTL> status service
GDSCTL> add service -service oltp_ro_srvc -role physical_standby
GDSCTL> config service
GDSCTL> start service -service oltp_ro_srvc
GDSCTL> status service
```

Listing 18: 'Add Service' **Quelle:** vgl. Oracle, 2018h

Danach ist die Erstellung der reinen Sharding Umgebung abgeschlossen.[52]

### 3.2.3 Erstellen des Schemas der SDB

Die weiteren Schritte zur Erstellung eines Schemas für eine System-Managed SDB sind die Erstellung des Schema Users, des Tablespace sets, der Sharded Tabellen und der Duplicated Tabellen.

Die folgenden Schritte sind wichtig, damit die Applikation in der Lage ist auf die Sharded Database bzw. auf die Tabellen in der Sharded Database zuzugreifen. Als Erstes wird der User des Applikation Schemas angelegt. Dieser heißt in diesem Fall *app_schema*. Ihm werden Rechte gewährt, damit er auf die Sharded Database zugreifen kann. Eine zentrale Rolle spielt hier die gsmadmin Rolle, um auf den Shard Catalog zuzugreifen. Außerdem wird noch ein Tablespace set für die Sharded Tabellen angelegt.

---

[52]vgl. Oracle, 2018f

```
sqlplus / as sysdba

SQL> alter session enable shard ddl;
SQL> create user app_schema identified by app_schema_password;
SQL> grant all privileges to app_schema;
SQL> grant gsmadmin_role to app_schema;
SQL> grant select_catalog_role to app_schema;
SQL> grant connect, resource to app_schema;
SQL> grant dba to app_schema;
SQL> grant execute on dbms_crypto to app_schema;
SQL> CREATE TABLESPACE SET TSP_SET_1 using template (datafile size
     100m autoextend on next 10M maxsize unlimited extent management
     local segment space management auto);
```

**Listing 19:** 'User app_schema' **Quelle:** vgl. Oracle, 2018i

Dann wird eine Sharded Tabelle mit dem Namen Customer erstellt. Das ist die Root Tabelle der Sharded Database. Die Tabelle hat den Primary Key „CustId", welcher jeden Kunden eindeutig identifiziert. Somit ist die „CustId" gleichzeitig der Sharding Key, nachdem mittels konsistenten Hash partitioniert wird. Bevor die Tabelle erstellt wird, werden DDL-Kommandos für den Shard aktiviert.

```
SQL> ALTER SESSION ENABLE SHARD DDL;

SQL> CREATE SHARDED TABLE Customers
  (
    CustId    VARCHAR2(60) NOT NULL,
    FirstName VARCHAR2(60),
    LastName  VARCHAR2(60),
    Class     VARCHAR2(10),
    Geo       VARCHAR2(8),
    CustProfile VARCHAR2(4000),
    Passwd    RAW(60),
    CONSTRAINT pk_customers PRIMARY KEY (CustId),
    CONSTRAINT json_customers CHECK (CustProfile IS JSON)
  ) TABLESPACE SET TSP_SET_1
  PARTITION BY CONSISTENT HASH (CustId) PARTITIONS AUTO;
```

**Listing 20:** 'Root Tabelle' **Quelle:** vgl. Oracle, 2018i

Danach ist es möglich beliebig viele weitere Tabellen „unterhalb" dieser Root-Tabelle zu erstellen. Wichtig dabei ist nur, dass diese Tabellen eine Fremdschlüsselbeziehung zu der Root-Tabelle haben. So wird eine Tabellenfamilie aufgebaut. Zum Schluss werden zur Überprüfung der Einrichtung, die Kommandos „show DDL" und „config shard -shard sh1" genutzt. Das erste Kommando dient dem Anzeigen der ausgeführten DDLs und der Shards, auf denen die DDLs fehlgeschlagen sind. Das Kommando „config shard"

41

zeigt für jeden Shard einzeln, das zuletzt fehlgeschlagene DDL-Kommando, die ID des fehlgeschlagenen Kommandos und die Errormessages.[53]

```
GDSCTL> show ddl
GDSCTL> config shard -shard sh1
```

**Listing 21:** 'Überprüfen des Shards' **Quelle:** vgl. Oracle, 2018i

## 3.3 Vergleich mit RAC unter verschiedenen Kriterien

Der RAC von Oracle und Oracle Sharding sind beide Features von Oracle, welche Hochverfügbarkeit und Skalierbarkeit versprechen. Oracle schreibt über das Feature RAC, dass es mit der Shared-Cache-Architektur die Limits anderer Shared-Nothing- und Shared-Disk-Architekturen übertreffen will. Des Weiteren gibt es im White Paper des Oracle Shardings einen Vergleich der beiden Architekturen. Das zeigt ein Vergleich der beiden Optionen ist durchaus als sinnvoll anzusehen. Im Folgenden werden zuerst die Kriterien des Vergleichs evaluiert und anschließend der Vergleich unter den Kriterien durchgeführt.[54] Abschließend wird in dem Kapitel Entscheidungsmatrix der Vergleich zusammengefasst und mit zwei NoSQL-Datenbanken gegenüber gestellt.

### 3.3.1 Evaluieren der Kriterien

Aus dem White Paper von Oracle Sharding lassen sich folgende Kriterien ableiten, unter denen ein Vergleich sinnvoll ist:

- Architektur

- Kompatibilität

- Hochverfügbarkeit

- Skalierbarkeit

- Datenverteilung

Des Weiteren lässt sich aus den Vorteilen des RACs, die in einem White Paper aufgezeigt werden, ein weiteres Kriterium ableiten. Dieses ist:

---

[53]vgl. Oracle, 2018f
[54]vgl. Oracle, 2018c

- Total Cost of Ownership

[55] Zudem werden die Lizenzen betrachtet, da beide Optionen verschiedene Lizenzen benötigen. Dies könnte ein entscheidender Vorteil gegenüber dem RAC sein, da die Lizenzen für den RAC in einer Enterprise Edition teuer sind. Zuletzt wird noch die Einordnung in das CAP-Theorem vorgenommen. Dieses Kriterium wird mit einbezogen, da Oracle Sharding eine verteilte Datenbank aufbaut. Dadurch wird das CAP-Theorem relevant.

### 3.3.2 Architektur

Im Folgenden wird die Architektur der beiden Technologien betrachtet und verglichen. Das Oracle Sharding basiert auf einer Shared-Nothing-Architektur. Das heißt jeder Server steht für sich alleine mit seiner eigenen Datenbank. Diese Datenbanken teilen sich keinen Speicher oder Cluster-Software. Im Gegensatz dazu basiert der Oracle RAC auf einer Shared-Cache- bzw. Shared-Everything-Architektur. Der Vorteil dieser Architektur ist es, dass die gesamte Datenbank für alle Knoten verfügbar ist. Jeder Knoten kann auf alle Daten zugreifen. Beim Oracle Sharding hat jeder Server bzw. jeder Shard seinen eigenen Datenbestand und greift nicht auf die Daten der anderen Server zu. Somit verkraftet der RAC den Ausfall einer oder mehrerer Knoten, da die anderen Knoten die Arbeit übernehmen. Beim Sharding ist dies nicht der Fall. Dort fällt der Datenbestand aus, wenn kein Data Guard o.ä eingerichtet ist. Beim Ausfall ist der gesamte Datenbestand des Shards nicht mehr zugreifbar, der Zugriff auf die restlichen Daten ist aber weiterhin möglich. Veränderungen des Schemas können in einer Sharding Architektur nur durch den Shard Catalog durchgeführt werden, was ein weiterer Nachteil gegenüber dem RAC ist. Hier können alle Knoten DDL-Statements absetzen, da alle auf den gleichen Datenbestand zugreifen. Beim Oracle Sharding wird der Zugriff auf die Datenbanken durch den Global Service Manager geregelt. Die Shard Director verteilen die Last auf die verschiedenen Shards und koordinieren die Verbindungen zur Sharded Database. Das Hinzufügen mehrerer Shard Director ist möglich.
Ein weiterer Unterschied hinsichtlich der Architektur ist, dass es sich bei einem RAC um eine physische Datenbank handelt. Beim Oracle Sharding hingegen ist es nur eine logische Datenbank. Das bedeutet, nach außen hin erscheint Sie als eine, aber eine Ebene

---

[55] vgl. Oracle, 2018e

tiefer ist sie auf mehrere Server aufgeteilt. Das ist ein entscheidender Unterschied zwischen den beiden Technologien. Der RAC, skaliert die Instanzen, die auf eine Datenbank zugreifen. Dadurch wird die Lastverteilung erreicht. Beim Oracle Sharding werden die Datenbanken skaliert, dass heißt die Datenbank wird aufgeteilt. Hier arbeiten die Server nicht als Instanzen, sondern als unabhängige „Teile" der Datenbank.

### 3.3.3 Kompatibilität

In diesem Unterkapitel werden die Anforderungen an die beiden Features genauer betrachtet. Wie im Grundlagenteil bereits erklärt, ist das Oracle Sharding explizit nur für OLTP-Applikationen entwickelt. Im Gegensatz dazu ist es möglich, den RAC in Verbindung mit jeder Applikation zu verwenden. Der RAC ist nicht auf eine Art von Applikation beschränkt. Trotzdem gibt es auch bei ihm Anforderungen an die Applikation. Eine Anforderung ist zum Beispiel, dass die Applikation skaliert werden kann. Sie muss im Single-Instance Betrieb skalierbar sein.[56] Beim Oracle Sharding muss die Applikation angepasst werden auf die Anforderungen des Oracle Shardings. Der Oracle RAC erfordert nur geringe Anpassungen an der Applikation. Dadurch ist das Anwendungsgebiet des RACs deutlich größer. Das Oracle Sharding ist nur für spezifische Anwendungsfälle verwendbar.

Resultierend daraus ist die Anwendung von Sharding nur möglich, wenn das Datenmodell angepasst wurde. Denn in jeder Tabelle der Tabellen-Familie muss eine Spalte mit dem Sharding Key sein oder einer Fremdschlüssel-Beziehung zum Sharding Key.[57] Dies ist beim Rac nicht nötig.

Eine Anforderung des RACs ist es, dass die Versionen der Instanzen die Gleichen sind. Das Oracle Sharding ist unabhängig von Versionen, solange die Applikation abwärts kompatibel ist, mit der ältesten Version aus der Sharded Database.[58] Das heißt hier könnten eine 11g und eine 12c Datenbank zusammen in der Sharding Umgebung existieren.

---

[56] vgl. Oracle, 2018c
[57] vgl. Oracle, 2018j S.12
[58] vgl. Oracle, 2018j S.2

### 3.3.4 Hochverfügbarkeit

Beide Optionen versprechen Hochverfügbarkeit, jedoch unterscheiden sie sich in Ihrer Architektur und wie sie diese erreichen. Das Oracle Sharding eliminiert den Single Point of Failure des RACs. Dieser ist bei Shared-Everything-Architekturen die Shared Disk bzw. das Storage Area Network. Diese Ausfallrisiken fallen raus, da es beim Oracle Sharding zwischen den einzelnen Shards keine gemeinsam verwendeten Ressourcen gibt. Der Ausfall eines Shards nimmt keinen Einfluss auf die restlichen Shards der Sharded Database. Das bedeutet aber, dass die Hochverfügbarkeit der gesamten Sharded Database nur durch den Einsatz eines Data Guards oder Golden Gates erreicht wird. Ohne Replikationsmechanismen beeinflusst der Ausfall eines Shards die anderen Shards nicht, jedoch ist der Teil der Datenbank nicht mehr zugreifbar. Also ist es nur durch weitere Features möglich die gesamte Datenbank verfügbar zu halten. Beim Oracle RAC hingegen bleibt die gesamte Datenbank trotz Ausfall einyelner Knoten verfügbar. Der Ausfall eines oder mehrerer Knoten beeinflusst die anderen Knoten nicht. Anders ist es beim Ausfall des Shared Storages oder des Storage-Area-Network (SAN)s wie oben erwähnt. Dieser Ausfall hat zur Folge, dass die gesamte Datenbank nicht mehr zugreifbar ist. Grundsätzlich ist das Oracle Sharding also Fehlertoleranter als der RAC, da es keinen SPOF gibt und der Ausfall eines Shards die restliche Datenbank nicht beeinflusst.

### 3.3.5 Skalierbarkeit

Oracle Sharding wirbt mit linearer Skalierbarkeit. Mit Oracle Sharding ist es möglich, den Workload der Applikation beliebig zu skalieren und zu erhöhen. Es können Daten, Transaktionen und User beliebig erhöht werden. Dieses Skalieren erfolgt dabei über das Hinzufügen von neuen Shards auf neuen *stand-alone* Servern. Damit sind Server gemeint, die keinerlei Verbindung zu den weiteren Shards haben und keine Container Datenbanken sind. Durch die Unabhängigkeit der Shards, erhöht sich die Performance der Sharded Database linear zum Hinzufügen neuer Shards bzw. Server. Das gilt nur, wenn die Daten gleichmäßig verteilt sind. Wenn also ein weiterer Shard hinzugefügt wird, erhöht sich die Performance immer um den selben Faktor. Dies ist nur der Fall, wenn Server mit der selben Leistung verwendet werden.

Wie in der folgenden Grafik (Abb. 10) zu sehen sind bei 25 Primary und Standby Shards (insgesamt 50 Shards) ca. 2,7 Millionen Transaktionen pro Sekunde möglich. Nach Hinzufügen weiterer 50 Shards haben sich die Transaktionen verdoppelt und es sind nun ca. 5,3 Millionen Transaktionen pro Sekunde möglich. Das zeigt, dass die Oracle Sharding Architektur linear skaliert. Jedoch ist zum ersten Release von Oracle Sharding mit der Version 12.2 ein Limit von 1.000 Shards gesetzt.[59]

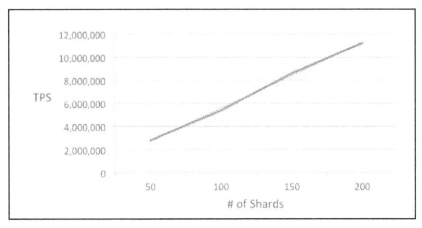

**Abbildung 10:** Quelle: Oracle White Paper Oracle Sharding, S. 15

Das Skalieren des Oracle RAC funktioniert ebenfalls über das Hinzufügen von weiteren Servern. Es werden weitere Nodes hinzugefügt, um die Anzahl der möglichen User der Applikation, Transaktionen etc. zu erhöhen. Wenn die standardmäßige Lastverteilung über den SCAN Listener eingerichtet ist, skaliert der RAC theoretisch linear zum Hinzufügen neuer Nodes. Dann wird der Node automatisch in diese Lastverteilung eingebunden.[60] Falls mit festen DB Services gearbeitet wird, muss der neue Node in die serverseitige Lastverteilung eingebunden werden.[61] Durch das Hinzufügen neuer Nodes zum RAC entstehen weitere Verbindungen zwischen den Nodes und dem Storage. Für jeden weiteren Node muss eine neue Verbindung vom Node zum Storage erstellt werden. Dazu kommt, dass die Nodes untereinander verbunden sind. Das heißt, die Anzahl der Interconnects steigt mit der Anzahl der Nodes linear an. Für einen Cluster mit N Nodes

---

[59]vgl. Oracle, 2018j, S.1
[60]vgl. Riyaj Shamsudeen, Syed Jaffar Hussain, 2013, S. 22
[61]vgl. Martin Schmitter, 2013, S. 30

gibt es also N *(N-1)/2 Interconnects. Dadurch erhöht sich die Komplexität des Clusters und die Administration wird komplizierter. Außerdem steigt der Netzwerktraffic stark an. Das mindert die Performance des Clusters und erhöht die Antwortzeiten. Diese Einschränkungen limitieren die Skalierbarkeit des Oracle RACs im Vergleich zum Oracle Sharding.

Ein neues Feature des RACs, um die Anzahl der Verbindungen zu reduzieren, ist der Flex Cluster. Dieser ist seit der Version 12c verfügbar. Die Architektur im Flex Cluster beruht auf Hub und Leaf Nodes. Dabei sind lediglich die Hub Nodes untereinander und mit dem Shared Storage verbunden. Die Leaf Nodes greifen über den Hub Node auf den Shared Storage zu. Dadurch werden einige Verbindungen zwischen den Nodes und zum Shared Storage gespart.[62] Durch den Zugriff der Leaf Nodes auf den Storage, über den Hub Node, wird die Verbindung aber stark beansprucht. Somit stellt hier die Verbindung zwischen dem Storage und dem Hub Node das sogenannte „Bottleneck" dar.[63]

In der Grafik (Abb. 11) sind die User auf einer SAP Applikation zu sehen. Durch die Erhöhung der Nodes von zwei auf vier steigt die Anzahl der möglichen Nutzer um den gleichen Faktor von ca. 15.000 auf 30.000. Jedoch beweist diese Grafik nur die Skalierbarkeit bei bis zu fünf Nodes. Vermutlich wird die Steigung der User mit steigender Anzahl an Nodes abflachen, aufgrund der oben genannten Limitierungen (3.3.5).

---

[62]vgl. Riyaj Shamsudeen, Syed Jaffar Hussain, 2013 S.98 ff.
[63]vgl. Riyaj Shamsudeen, Syed Jaffar Hussain, 2013 S.98 ff.

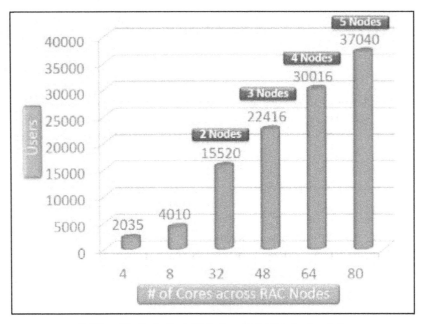

**Abbildung 11:** Quelle: Oracle White Paper Global Data Services, S. 5

Zusammenfassend lässt sich sagen, dass die beiden Technologien sich hinsichtlich ihrer Skalierungsmöglichkeiten ähneln. Der Standardausführung des RACs sind jedoch Grenzen gesetzt durch die steigende Anzahl der Verbindungen. Das zeigt, dass die Skalierbarkeit der Sharded Database deutlich höher ist, als die des RACs. Der RAC stößt schneller an seine Grenzen. Das Oracle Sharding hingegen lässt sich beliebig skalieren.

### 3.3.6 Datenverteilung

Oracle Sharding erlaubt es durch die Shared-Nothing-Architektur Daten in bestimmten geographischen Regionen zu speichern. Dadurch wird Datensouveränität und Datennähe erreicht. Somit ist es möglich, bestimmte Teile einer Tabelle bzw. bestimmte Daten in einem bestimmten Land oder einer bestimmten Region zu platzieren. Dies ist besonders im Bezug auf Applikationen wichtig, falls bestimmte Daten einer Anwendung nur in einem bestimmten Land oder einer bestimmten Region gespeichert werden dürfen. Des Weiteren ist es so möglich, die Performance der Sharding Architektur zu optimieren. Wenn es in der Datenbank bestimmte Bereiche gibt, die an Länder oder Regionen gebunden sind, können diese Daten näher beim Kunden abgelegt werden. Dadurch ist es möglich, die Performance erheblich zu steigern. Diese Flexibilität und Standortunabhängigkeit der Server ermöglicht es ebenfalls Shards in der Cloud zu platzieren und ein hybrides Modell zu benutzen. Der Vorteil gegenüber einzelnen unabhängigen Datenbanken in jeder Region ist, dass die Sharded Database global verwaltet wird. Schemaänderungen werden global durchgeführt. Außerdem können die Abfragen bzw. die Ergebnisse mehrerer Shards kombiniert werden. Das ermöglicht es *multi-shard -queries* [64] durchzuführen.

Im Gegensatz dazu ist es zwar möglich die Knoten eines RACs an einer anderen Lokation zu platzieren, aber die Shared Disk bleibt immer am gleichen Standort. Diese Shared Disk ist für alle Knoten geteilt, somit bringt eine Verteilung der Knoten nur hinsichtlich der Ausfallsicherheit Vorteile.

Eine wirkliche Datenverteilung ist also nur mit Oracle Sharding möglich. Der Oracle RAC unterstützt dies nicht.

### 3.3.7 Total Cost of Ownership

Wie im Grundlagenteil bereits erläutert, hängen die Kosten für Oracle Sharding von der Anzahl der Primary Shards ab. Bei einer Anzahl von kleiner gleich drei Primary Shards ist der Data Guard beinhaltet. Die Anzahl der Standby Shards ist nicht limitiert. Jedoch müssen andere Replikationstechnologien trotzdem lizenziert werden. Ab einer Anzahl von über drei Primary Shards müssen alle Shards mit einer Enterprise Edition lizenziert werden und mindestens einer Hochverfügbarkeitslösung von Oracle (also Active Data Guard, Golden Gate, RAC). Die Kosten für drei Shards mit einer Enterprise Edition und einem Active Data Guard lägen laut Listenpreis bei 59.000 US-Dollar (USD) pro Prozessor. Es ist ebenfalls möglich die Anzahl der Shards auf drei zu begrenzen, wodurch nur Kosten für die Enteprise Edition anfallen. Durch die Verwendung mit Oracle Golden Gate oder Oracle RAC steigen die Kosten deutlich über 59.000 USD pro Prozessor. Die Gesamtkosten beim RAC setzen sich zusammen aus den Kosten für eine Enterprise Edition und die Lizenzierung des RACs. Bei einem Preis von 23.000 USD für die RAC

---

[64]Abfragen, die Daten aus mehreren Shards abfragen

Lizenz, beläuft sich die Prozessorlizenz auf 70.500 USD.[65] Jedoch ist es auch möglich den RAC mit einer Standard Edition zu verwenden. Dabei wird mit einer Standard Edition 2, welche ab Version 12.1.0.2 eingreift, ein RAC implementiert mit maximal zwei Servern. Das heißt zwei Server werden für den RAC verwendet, jedoch dürfen nur zwei Sockets[66] und 16 physische CPUs verwendet werden. Also können pro Server nur ein Socket und acht CPUs eingesetzt werden.

Zusammengefasst lässt sich sagen, dass beim Vergleich der „Standardausführungen" vom Oracle Sharding und Oracle RAC, die Lizenzen für das Oracle Sharding günstiger sind. Jedoch ist bei kleineren Umgebungen ein Oracle RAC kostengünstiger, wenn nicht mehr als zwei Knoten benötigt werden.[67]

### 3.3.8 CAP-Theorem

Das CAP-Theorem stellt die Eigenschaften einer verteilten Datenbank dar. Deswegen ist es theoretisch nicht möglich den Oracle RAC in das Theorem einzuordnen, da es sich dabei um keine verteilte Datenbank handelt. Trotzdem gibt es verteilte Instanzen, die auf eine Datenbank zugreifen. Dadurch werden die Punkte Konsistenz und Hochverfügbarkeit, wie sie im CAP-Theorem definiert sind, wieder relevant für die Betrachtung. Daher wird der Autor im Folgenden auf das CAP-Theorem eingehen, um die Unterschiede der beiden Technologien hinsichtlich Konsistenz, Verfügbarkeit und Partitionstoleranz herauszustellen. Wie schon beschrieben ist die RAC Datenbank nicht verteilt. Deswegen ist Partitionstoleranz nicht zu erreichen für den RAC. Daher siedelt sich der Oracle RAC im Bereich der Hochverfügbarkeit und Konsistenz an. Es bietet eine Kombination aus Hochverfügbarkeit und Konsistenz durch mehrere Knoten, die bei Bedarf umgeschwenkt werden können. Anfragen werden trotz Ausfällen einzelner Knoten beantwortet. Die Konsistenz ist ebenfalls gewährleistet, da alle Knoten auf die selbe Datenbank zugreifen. Jedoch ist es nicht möglich, die Daten über mehrere Server zu partitionieren, da es einen Shared Storage gibt.

Das Oracle Sharding versucht alle Aspekte des CAP-Theorems zu erfüllen. Es ermöglicht zusätzlich zu den Aspekten der Hochverfügbarkeit und Konsistenz, die Partitionstoleranz zu erreichen. Trotzdem kann das Oracle Sharding in bestimmten Situationen die

---

[65]vgl. Oracle, 2018k

[66]„Als Socket wird die Adressenkombination aus IP-Adresse und Portnummer bezeichnet mit der eine bestimmte Anwendung auf einem bestimmten Rechner angesprochen werden kann." ITWissen.info, 2012

[67]vgl. Klaus-Michael Hatzinger, 2015-09-15

Konsistenz bzw. die Verfügbarkeit nicht aufrecht erhalten. Somit ist das Feature zwischen AP und CP einzuordnen. Die beiden konkreten Szenarien, an denen sich dies feststellen lässt, sind die Folgenden.

Das erste Szenario ist beim Ausführen eines DDL-Kommandos. Dies wird gegen den Shard Catalog ausgeführt. Der Shard Catalog führt die Kommandos anschließend auf den Shards durch. Sollte ein Shard fehlschlagen ist dieser weiterhin online, aber es ist nicht möglich weitere DDL-Kommandos auf ihm auszuführen. Somit ist die Konsistenz in diesem Fall nicht mehr vollständig gewährleistet, sondern nur die Verfügbarkeit.

Das zweite Szenario liegt vor, wenn der Shard zum Zeitpunkt der Ausführung des DDLs offline ist oder ein neuer Shard zur Sharded Database hinzugefügt wird. Dann werden die Änderungen vom Shard Catalog protokolliert und anschließend auf dem Shard angewendet. Der Shard ist erst nach dem Anwenden der gespeicherten Änderungen wieder zugreifbar für den Client.[68] Somit ist hier der Aspekt der Konsistenz im Vordergrund.

Abschließend lässt sich sagen, dass Oracle mit seinem Feature Oracle Sharding versucht alle drei Aspekte des CAP-Theorems zu vereinen. Jedoch lassen sich nicht alle drei Bedingungen des CAP-Theorems vereinen, daher ist die Konsistenz oder die Verfügbarkeit, je nach Anwendungsfall, beim Oracle Sharding nicht mehr vollständig gegeben. Der Oracle RAC hingegen ist keine verteilte Datenbank und kann somit keine Partitionstoleranz erreichen. Somit stehen hier Hochverfügbarkeit und Konsistenz im Vordergrund.

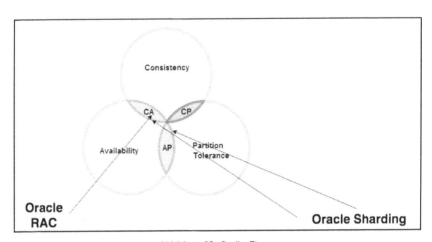

**Abbildung 12:** Quelle: Eigen

---

[68]vgl. Oracle, 2018a

51

### 3.3.9  Fazit

Das Fazit des Vergleichs ist, dass die Umsetzung der beiden Technologien unterschiedlich ist. Sie basieren auf unterschiedlichen Architekturen, der RAC auf Shared Everything und Oracle Sharding auf Shared Nothing, wodurch bei beiden Vor- und Nachteile entstehen. Es ist nicht sinnvoll eine kleine RAC Cluster Datenbank durch eine Sharded Architektur zu ersetzen, da die Voraussetzungen für diese doch relativ hoch sind. Grundsätzlich lässt sich aber zusammenfassen, dass eine große weit verteilte OLTP-Applikation, die neu aufgesetzt wird, von einer Sharded Architektur profitieren kann. Kleinere Applikationen jeglicher Art, die nicht verteilt sind, profitieren eher vom Oracle RAC.

## 3.4  Vergleich mit NoSQL unter verschiedenen Kriterien

Im Folgenden werden die beiden NoSQL-Technologien Cassandra und MongoDB mit Oracle Sharding verglichen.

### 3.4.1  Evaluieren der Kriterien

Das White Paper zu Oracle Sharding beinhaltet einen Vergleich von Oracle Sharding mit den beiden NoSQL Alternativen Cassandra und MongoDB. Daher wurden vom Autor die beiden NoSQL Varianten Cassandra und MongoDB für den Vergleich ausgewählt. Zudem hat der Autor aus den Vergleichskriterien die Folgenden ausgewählt:

- Architektur

- Skalierbarkeit

- ACID

- Relationale Abfragen

- Replikation

Zusätzlich wird die Einordnung der beiden NoSQL-Datenbanken im CAP-Theorem mit der des Oracle Shardings verglichen . Außerdem werden die Gesamtkosten der NoSQL-Datenbanken mit den Kosten des Oracle Shardings verglichen.

### 3.4.2 Architektur

Die Architektur der Cassandra Datenbank basiert auf einer Ringstruktur. Das heißt es gibt keinen zentralen Koordinator, wie beim Oracle Sharding, den Shard Catalog. Alle Knoten im Cluster sind gleichwertig. Somit fällt der Single Point of Failure des Koordinators weg. Beim Ausfall des Shard Catalogs der Sharded Database, können an der Sharded Database keine administrativen Aufgaben mehr durchgeführt werden. Das ist bei einer Cassandra Datenbank nicht der Fall. Wenn eine Anfrage gestellt wird, ist jeder Knoten dazu in der Lage als Koordinator zu agieren. Mithilfe eines Peer-to-Peer Protokolls tauschen sich die Knoten im Cluster sekündlich aus, so dass jeder Knoten weiß, wo welche Daten liegen. Es gibt nur einen Partitioner, der nichts weiter als eine Hash-Funktion ist. Dieser entscheidet in welchem Knoten die erste Kopie der Daten gespeichert wird.

Die Architektur von MongoDB hingegen ähnelt der des Oracle Shardings. Der Koordinator nennt sich hier Router. Dieser leitet die Anfragen der Applikation zum Shard weiter. Die Applikation kommuniziert nie direkt mit dem Shard, sondern immer über den Router.[69]

Des Weiteren gibt es einen zentralen Config Server, der die Metadaten und Konfigurationen des Clusters speichert. Dieser stellt, wie beim Oracle Sharding einen Single Point of Failure dar. Wenn zu viele administrative Aufgaben durchgeführt werden, kann es zu einem Ausfall des Clusters kommen. Das ist beim Oracle Sharding nicht der Fall. Außerdem ist der Zugriff auf den gesamten MongoDB Cluster nicht mehr möglich, wenn alle Config Server ausfallen. Beim Oracle Sharding hingegen ist die Sharded Database trotz Ausfall des Shard Catalogs noch zugreifbar, lediglich administrative Änderungen können nicht mehr durchgeführt werden.[70]

Ein weiterer Unterschied der MongoDB ist, dass diese auf Dokumenten basiert. Das heißt Daten werden in sogenannten BSON Objekten gespeichert. Dadurch variieren die Felder von Dokument zu Dokument. Sie sind an keine feste Struktur gebunden. Die Objekte in der MongoDB haben also kein festes Schema, was die Flexibilität der

---

[69]vgl. MongoDB, 2018f
[70]vgl. MongoDB, 2018c

Daten gegenüber dem Oracle Sharding erhöht. Die höhere Flexibilität heißt aber auch, dass die Daten deutlich unstrukturierter sind. Die Daten lassen sich dadurch in MongoDB deutlich schlechter verknüpfen. Im Prinzip steht jeder Datensatz in MongoDB für sich alleine.[71] Ein weiterer Vorteil beider NoSQL-Datenbanken ist, dass diese nicht an OLTP-Applikationen gebunden sind. NoSQL-Datenbanken können mit unterschiedlichen Applikationen verwendet werden.

Zusammengefasst lässt sich sagen, dass die Architekturen unterschiedlich sind. Die Architektur von Oracle Sharding und MongoDB ähneln sich, da sie beide den Koordinator als SPOF haben. Cassandra hat eine andere Architektur. Bei dieser stellt das Netzwerk einen SPOF dar. Außerdem unterscheiden sich die Konzepte von MongoDB und Oracle Sharding. MongoDB speichert unstrukturierte Dokumente. Im Gegensatz dazu speichert eine Sharded Database die Daten in strukturierter Form ab.

### 3.4.3 Skalierbarkeit

Die Skalierbarkeit der drei Lösungen ist ähnlich. Die Cassandra Datenbank skaliert ebenfalls horizontal. Das heißt sie verteilt die Daten auch auf mehrere Server. Dafür werden über definierte Mechanismen Server hinzugefügt. Jedoch ist die Architektur eine andere. Die Nodes kommunizieren hier untereinander. Somit muss ein Node auch nur Kontakt zu einem Node in dem Cluster haben, um aufgenommen zu werden.[72] Ein Vorteil gegenüber dem Oracle Sharding ist, dass neue Nodes keine Software installieren müssen. Die Software wird lediglich auf einem Node installiert, für alle anderen Nodes reicht eine Kopie dieser Installation.[73] Die Anbindung weiterer Nodes erfolgt also intern über jeden beliebigen Node, da jeder Node die selbe Rolle hat. Ganz im Gegensatz zum Oracle Sharding, bei dem die Anbindung über den Shard Catalog erfolgt.

In der Grafik (Abb. 13) ist zu sehen, dass das Hinzufügen neuer Nodes zu einer Erhöhung der möglichen Client Anfragen um den gleichen Faktor führt. Diese Skalierung ist linear. Somit ist sie vergleichbar mit der Skalierung des Oracle Shardings.

---

[71]vgl. MongoDB, 2018e
[72]vgl. DataStax, 2018
[73]vgl. Rudolf Jansen, 2011-06-29

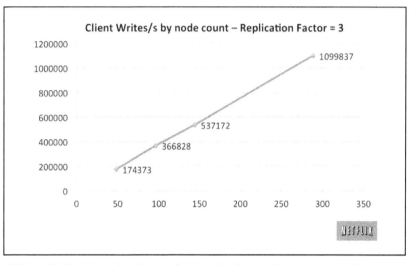

**Abbildung 13:** Quelle: https://medium.com/netflix-techblog/benchmarking-cassandra-scalability-on-aws-over-a-million-writes-per-second-39f45f066c9e

Ein weiterer Unterschied ist die Verteilung der Daten. Die Partitionierung wird bei Cassandra mittels Hash durchgeführt. Es gibt einen sogenannten „partitioner", der mit dem Partition Key den richtigen Knoten im Cluster bestimmt. Dieser Partition Key ist vergleichbar mit dem Shard Key des Oracle Shardings. Jedoch ist beim Oracle Sharding eine „zweistufige" Partitionierung möglich. Dadurch werden Range oder List Partitionierung und Hash Partitionierung kombiniert. Eine doppelte Partitionierung ist in Cassandra Datenbanken ebenfalls möglich, jedoch nur innerhalb einer Row. Das sind die sogenannten Wide Rows. Bei diesen gibt es den Partition Key und den Clustering Key. Diese Row kann aber nicht über mehrere Nodes verteilt werden, wie es bei der zweistufigen Partitionierung vom Oracle Sharding der Fall ist.[74]

Die Skalierung bei MongoDB erfolgt ebenfalls über das Hinzufügen neuer Server. Somit wird hier ebenfalls horizontal skaliert. Seit Version 3.6 werden Shards mit mindestens einem secondary Shard hinzugefügt, damit die Verfügbarkeit gesichert ist. Das Hinzufügen der Shards funktioniert über das Kommando „sh.addShard". Alle weiteren Anpassungen werden automatisch durchgeführt. Das Balancing der Daten auf die Shards wird im An-

---

[74]vgl. Jay Patel, 2012-04-04

schluß automatisch durchgeführt.[75] Ein Unterschied gegenüber dem Oracle Sharding ist, dass in einer MongoDB Datenbank zwischen mehreren Sharding Methoden gewählt wird. Dort werden die Daten per Range, Hash und Zone partitioniert. Das Range Sharding partitioniert die Daten mittels Sharding Key. Die Hash Partitionierung hasht den Shard Key und verteilt die Daten so möglichst gleichmäßig auf die Shards. Zuletzt erlaubt das Zone Sharding es, die Daten in einem bestimmten Teil des Clusters zu platzieren. Jedoch ist es nicht möglich nach Lokation und nach Sharding Key zu partitionieren, wie es beim Oracle Sharding der Fall ist. Des Weiteren ist es beim Oracle Sharding möglich nach List zu partitionieren. Das doppelte Partitionieren nach Ort und Sharding Key von Oracle hat entscheidende Performance Vorteile gegenüber dem einzelnen Zone Sharding von MongoDB. Durch die zweite Partitionierung wird weitere Lastverteilung erreicht, da die Daten innerhalb einer Region noch einmal auf mehrere Server aufgeteilt werden.[76]

Alles in allem unterscheiden sich die drei Lösungen in Ihrer Skalierbarkeit wenig. Sie skalieren alle horizontal, wodurch die Skalierung über das Hinzufügen neuer Server erreicht wird. Lediglich in ihrer Patitionierung gibt es Unterschiede.

### 3.4.4 ACID

ACID Eigenschaften sind, wie im Kapitel Grundlagen (2.2.3) bereits erklärt, die Eigenschaften einer Transaktion. Oracle Sharding unterstützt ACID Transaktionen und will vollständige Konsistenz erreichen durch den Einsatz des Koordinators (Shard Director). Eine Transaktion muss erst auf allen Shards ausgeführt sein, bevor die Transaktion erfolgreich ist. Die Cassandra Datenbank (DB) hingegen bietet nur AID. Das heißt, Transaktionen sind atomar, isoliert und dauerhaft. Jedoch sind sie nicht zwingend konsistent. Trotzdem ist es möglich die Konsistenz der Transaktionen zu bestimmen. Dabei wird festgelegt, wie viele Knoten die Transaktion bearbeitet haben sollen. Dies lässt sich für jede Transaktion einzeln festlegen in einer Cassandra Datenbank. Das heißt, es kann eingestellt werden, dass auf die Antwort eines Knotens gewartet werden soll oder z.B. auf alle Knoten.

Auch MongoDB bietet keine *full consistency* an und erfüllt die ACID-Eigenschaften nur teilweise. Die Ausnahme stellen dabei *single-document transactions* dar. Für diese kann in einer MongoDB ACID gewährleistet werden. Wenn beim Update eines Dokuments

---

[75]vgl. MongoDB, 2018a
[76]vgl. MongoDB, 2018e

ein Fehler auftritt, wird die Operation zurückgerollt. Der Client hat somit immer eine konsistente Sicht der Daten.[77] Jedoch lässt sich auch unter MongoDB die Konsistenz individuell einstellen. Das heißt, es gibt drei Einstellungsmöglichkeiten, wann die Applikation eine Bestätigung der Transaktion bekommt. Erstens, die Daten sind auf Platte geschrieben. Zweitens, die Daten wurden auf alle Replikationen übertragen und angewendet. Drittens, die Daten sind auf mindestens einer Replikation angewendet. Damit ist MongoDB für multi-document transactions ebenfalls nur *eventually consistent*.[78] Zusammengefasst ist Oracle Sharding die einzige Datenbank, die die ACID-Eigenschaften gänzlich erfüllt.

### 3.4.5 Relationale Abfragen/SQLs

Cassandra unterstützt keine referentiellen Integritäten und Fremdschlüssel. Das Oracle Sharding hingegen unterstützt Fremdschlüssel und referentielle Integritäten. Die Verknüpfung von Daten erfolgt bei Cassandra durch das gemeinsame Speichern in einer Tabelle. Zusammengehörige Daten werden gemeinsam und möglicherweise redundant gespeichert. Beim Oracle Sharding bzw. allgemein in relationalen Datenbanken wird das durch Fremdschlüssel umgesetzt. Somit bietet Cassandra hier eine Alternative, welche die Daten deutlich statischer verbindet. Diese Variante ist also nur sinnvoll, wenn es Daten gibt die oft zusammen abgerufen werden und es oft dieselben Abfragen gibt. Dagegen sind Fremdschlüssel und referentielle Integritäten flexibler. Durch sie lassen sich die Daten beliebig verbinden und sind unabhängig von den Abfragen.[79] SQL Abfragen sind dementsprechend in Cassandra Datenbanken nicht möglich. Es gibt lediglich eine Alternative, die Cassandra Query Language. Sie ist angelehnt an die Standards von SQL, wodurch das Erlernen deutlich vereinfacht wird. Unter CQL sind DDL Statements (CREATE,ALTER,DROP), sowie DML Statements (INSERT,UPDATE, DELETE ,TRUNCATE) und SELECT Abfragen möglich.[80] Jedoch sind die SELECT-Abfragen im Vergleich zum Oracle Sharding eingeschränkt. Ein Beispiel ist, dass das Attribut der WHERE Bedingung den Primary Key der Tabelle enthalten muss. Vorausgesetzt die Spalte ist nicht indiziert.[81] MongoDB unterstützt ebenfalls keine referentiellen Integritäten und Fremdschlüssel.

---

[77] vgl. MongoDB, 2015-04-15
[78] vgl. MongoDB, 2018e
[79] vgl. Rudolf Jansen, 2011-06-29
[80] vgl. DataStax, 2018
[81] vgl. Benjamin Lerer, 2015-06-08

Zusammengehörige Daten werden gemeinsam in einem Dokument über *embedded documents* oder über *references* gespeichert. Bei den *references* wird in einem Dokument auf ein anderes Dokument verwiesen. Mit einer zweiten Abfrage werden die referenzierten Daten zurückgegeben. Jedoch gibt es keine Vorschriften die erzwingen, dass das andere Dokument existiert.[82] Dort ist Oracle Sharding deutlich flexibler, da die Möglichkeit besteht Daten beliebig zu verknüpfen. Zudem werden verknüpfte Daten in MongoDB Datenbanken in einer zweiten Query[83] abgefragt. Damit spart sich das Oracle Sharding eine Abfrage gegenüber der MongoDB. Außerdem sind beim Oracle Sharding jegliche Join-Operationen möglich und das über mehrere Shards. In MongoDB sind nur equi und non-equi Joins erlaubt. Zudem sind Abfragen über mehrere Shards nur bedingt möglich.[84]

Dieses Kriterium zeigt, dass nur unter Oracle Sharding referentielle Integritäten und Fremdschlüssel möglich sind. Somit sind relationale Abfragen und SQLs bei den beiden Alternativen nicht bzw. nur begrenzt möglich. Bei den beiden NoSQL-Datenbanken gibt es trotzdem Möglichkeiten um Daten zu verknüpfen. Jedoch sind diese eingeschränkt und verschlechtern die Performance.

### 3.4.6 Replikation/Hochverfügbarkeit

Wie schon im Kapitel Grundlagen (2.5.3) erläutert, basiert die Replikation beim Oracle Sharding auf weiteren Features von Oracle, entweder Data Guard, Golden Gate oder dem Oracle RAC. Der Standard ist eine Data Guard Konfiguration mit Primary und Standby Server. Dabei werden Replikationsserver erstellt, die als Standby Server agieren. Auf diese wird im Fehlerfall umgeschwenkt. Im Gegensatz dazu beruht die Replikation bei Cassandra Datenbanken auf der redundanten bzw. replizierten Haltung von Daten. Das heißt, die Daten eines Nodes werden doppelt gespeichert. Sie werden in einer bestimmten Anzahl von Nodes redundant gespeichert. Die Anzahl der Nodes auf denen eine Replikation vorhanden ist, lässt sich durch den Parameter „replication_factor" bestimmen.[85] Durch diesen wird entschieden, ob die Spalte einfach, zweifach oder dreifach repliziert wird. Dieser Parameter lässt sich für jeden Keyspace einzeln konfigurieren. Ein Keyspace ist vergleichbar mit den Schemas von Oracle. Dies erhöht die Flexibilität gegenüber dem Oracle Sharding, jedoch ist die Verfügbarkeit beim Oracle Sharding höher.

---

[82]vgl. MongoDB, 2015-04-15
[83]Abfrage
[84]vgl. MongoDB, 2018e
[85]vgl. Apache Cassandra, 2018

Falls die Entfernung zwischen den Nodes im Cluster groß ist, dauert die Übertragung von Änderungen lange. Dadurch gehen im Fehlerfall eines Nodes die noch nicht übertragenen Daten verloren. Das kann beim Oracle Sharding auch passieren, aber die Standby Server sind in der Regel nicht so weit auseinander wie es die Primary Server im Cluster sind. Somit ist Oracle Sharding in diesem Fall sicherer, wenn viel Wert auf Dauerhaftigkeit der Transaktionen gelegt wird. Außerdem ist es möglich durch die Replikation beim Oracle Sharding den Standby Server für Lesezugriffe zu nutzen. Dadurch wird weitere Lastverteilung erreicht.[86]

Die Replikation unter MongoDB ist der Replikation vom Oracle Shading ähnlich. Sie erfolgt über Replica Sets. Das heißt es gibt einen Primary Shard, auf den aktiv zugegriffen wird und mindestens einen secondary, welcher als Replikation agiert. Die Replikation auf den Secondary erfolgt ebenfalls synchron oder asynchron. Zudem ist es möglich reine read-Operationen auf dem Secondary laufen zu lassen, um weitere Lastverteilung zu schaffen. Dabei ist zu beachten, dass es zu inkonsistenten Ergebnissen kommt, falls die Replikation asynchron erfolgt. Der Failover wird automatisch, wie beim Oracle Sharding durch den Data Guard Observer, durchgeführt. Dadurch wird ein Secondary zum Primary.[87]

Somit gibt es bei der Replikation von MongoDB und Oracle Sharding keine wesentlichen Unterschiede. Die Cassandra Datenbank hingegen unterscheidet sich hinsichtlich der Replikation. Dort werden die Daten auf mehreren Nodes im Cluster gespeichert anstatt auf einem Standby Server.

### 3.4.7 CAP-Theorem

Die Cassandra Datenbank positioniert sich bei den AP-Technologien. Wie zuvor schon erklärt, garantiert die Cassandra Datenbank Hochverfügbarkeit und Partitionstoleranz. Die Konsistenz wird vernachlässigt, da es nur *eventual consistency* gibt. Diese ist zwar individuell einstellbar, jedoch wird keine vollständige Konsistenz gewährleistet. Das Oracle Sharding befindet sich im CP-Bereich und legt damit besonderen Wert auf Konsistenz und Partitionstoleranz.[88]

Die Positionierung von MongoDB im CAP-Theorem liegt im CP-Bereich. MongoDB stellt die Konsistenz der Datenbank über die Verfügbarkeit. Das heißt, wenn eine Operati-

---

[86]vgl. DataStax, 2018
[87]vgl. MongoDB, 2018b
[88]vgl. Abu Fazal Abbas, 2016-09-10

on fehlschlägt, wird diese zurückgerollt. Trotzdem versucht MongoDB die Verfügbarkeit zu erhalten, indem es Replica Sets gibt.[89] Damit hat es die gleichen Eigenschaften wie das Oracle Sharding, welches ebenfalls die Konsistenz und die Partitionstoleranz in den Vordergrund stellt.

### 3.4.8 Total Cost of Ownership

Die Kosten für das Oracle Sharding belaufen sich auf 59.000 USD pro Prozessorlizenz, wenn mehr als drei Primary Shards gewünscht sind. Cassandra hingegen ist eine Open Source Software, welche in seiner Standardausführung ohne Kosten erhältlich ist. Jedoch werden in der Praxis meist Versionen von Drittanbietern verwendet, wie z.b DataStax. Diese bieten zahlreiche Zusatzfunktionen, Optimierung der Datenbank und Support. Diese Lizenzen sind aber nicht frei verfügbar und für jeden Kunden individuell. Die Kosten variieren zwischen 2.000 - 8.000 USD pro Server.[90] MongoDB ist ebenfalls, wie Cassandra ein Open Source Produkt. Das heißt die Standardversion ist kostenlos. Für eine Enterprise Version sind die Preise nur auf Anfrage zu erhalten. Laut einer Total Cost of Ownership (TCO) Rechnung von amazonaws, belaufen sich die Kosten pro Server auf ungefähr 11.900 USD.[91]

---

[89]vgl. MongoDB, 2018e
[90]vgl. Quora, o.D.
[91]vgl. MongoDB, 2017

## 3.5 Entscheidungsmatrix

Auf der Grundlage des vorhergehenden Vergleichs erstellt der Autor die folgende Entscheidungsmatrix. Diese Matrix soll bei der Entscheidung für eine der vier Alternativen helfen. Sie zeigt die spezifischen Vor- und Nachteile jeder Technologie auf.

| Kriterium | Zusatz | Oracle Sharding | Oracle RAC | Cassandra | MongoDB |
|---|---|---|---|---|---|
| Skalierbarkeit | horizontal/ Sharding | ✓ | ✗ | ✓ | ✓ |
| CAP-Theorem | | CP | CP | AP | CP |
| Architektur | | Shard Catalog/ Shard Director | Shared Storage | Keine Koordinatoren | Router/Config Server |
| Replikation | | Multi-Master Replikation | Multi-Master Replikation | Replicas on multiple Nodes | Multi-Master Replikation |
| Applikationsanforderungen | | OLTP | Keine | Keine | Keine |
| ACID | | ✓ | ✓ | AID | AID |
| SQL (Joins, Relationale Abfragen) | | ✓ | ✓ | ✗ | Teils |
| Geodistribution | | ✓ | ✗ | ✗ | ✓ |

**Tabelle 1:** Entscheidungsmatrix Oracle Sharding
Quelle: Eigenerstellung

Mit Hilfe dieser Entscheidungsmatrix wird der vorhergehende Vergleich zusammengefasst. In der Zeile CAP-Theorem wird die Einordnung in das Modell vorgenommen. Dadurch wird aufgezeigt, welche der drei Eigenschaften (Consistency, Availability, Partition tolerance), nicht von der Technologie erfüllt wird. Wie schon zuvor herausgestellt, unterscheidet sich der RAC vom Oracle Sharding hinsichtlich der Skalierungsmethode stark. Der RAC ist die Einzige der vier Technologien, welche keine Shared- Nothing-Architektur verwendet. Der RAC basiert auf einer Shared-Everything-Architektur. Durch seine Architektur sind der Skalierung des RACs im Gegensatz zum Oracle Sharding Grenzen gesetzt. Somit ist bei hohen Skalierungsanforderungen das Sharding dem RAC vorzuziehen. Die beiden NoSQL-Alternativen, Cassandra und MongoDB basieren beide ebenfalls auf der Shared-Everything-Architektur und verwenden Sharding. Daher sind die beiden NoSQL Alternativen in ihren Skalierungsmöglichkeiten dem Oracle Sharding ähnlich. Die Kosten wurden bewusst vom Autor nicht mit in die Entscheidungsmatrix aufgenommen. Die Kosten für die NoSQL-Alternativen sind nicht bestätigt, sondern lediglich Schätzungen. Daher dienen diese rein der Information und werden somit nicht im Entscheidungsprozess berücksichtigt.

Die entscheidende Frage, die durch die Vergleiche und die Entscheidungsmatrix beantwortet wird, ist: Wann sollte Oracle Sharding benutzt werden und welche Vorteile hat diese neue Technologie gegenüber den bereits vorhandenen Technologien.

Wie der Entscheidungsmatrix zu entnehmen ist, ist das Oracle Sharding nur in Verbindung mit OLTP-Applikationen effektiv verwendbar. Theoretisch ist es trotzdem möglich das Oracle Sharding mit anderen Applikationen zu verwenden. Jedoch verschlechtert sich die Performance enorm und viele Vorteile gegenüber den Alternativen gehen verloren. Zum Beispiel wäre der Einsatz in Verbindung mit einer Applikation, welche viele DDL-Kommandos ausführt, nicht sinnvoll. Oracle Sharding führt diese mit Hilfe des Shard Catalogs durch, welcher einen SPOF darstellt. Durch einen Ausfall des Shard Catalog könnten keine DDLs mehr durchgeführt werden. Außerdem sind die Ressourcen des Shard Catalogs begrenzt. Somit würde sich hier eine der Alternativen besser eignen, wie z.B. der RAC.

Die Vorteile von Oracle Sharding gegenüber den anderen NoSQL Technologien sind, die Wahrung der ACID-Eigenschaften von Transaktionen, die Möglichkeit von SQLs mit relationalen Abfragen, sowie Abfragen über mehrere Shards. Gegenüber dem RAC hat das Oracle Sharding eine bessere Skalierbarkeit. Außerdem ist die Verfügbarkeit höher, da es eine logische Datenbank ist und keine physikalische, wie es beim RAC der Fall ist. Dadurch wird der SPOF des Shared Storages eliminiert. Zudem erschwert die steigende Anzahl der Verbindungen pro hinzugefügten Knoten die Skalierung.

Alles in allem sollte das Oracle Sharding gewählt werden, wenn eine Datenbank skaliert werden soll, die in Verbindung mit einer OLTP-Applikation verwendet wird. Durch die relationalen Abfragen und referentiellen Integritäten sind die Daten beim Oracle Sharding deutlich besser verknüpft als bei den betrachteten Alternativen. Außerdem sind die Abfragen der Daten flexibler, da Fremdschlüssel und Joins eine flexible Verknüpfung ermöglichen. Dies wird unterstützt durch die Strukturierung der Daten, die zum Beispiel bei MongoDB nicht gegeben ist. Zudem erhält es gegenüber anderen Shardingmethoden die ACID-Eigenschaften einer Transaktion. Dadurch bietet sich das Oracle Sharding auch bei Datenbanken an, die zu jedem Zeitpunkt konsistent sein müssen. Ein Beispiel wären die Datenbanken einer Bank. Bei Ihnen wird besonderer Wert auf Konsistenz gelegt. Optimalerweise wird die OLTP-Applikation neu erstellt, damit sie auf das Oracle Sharding abgestimmt wird. Somit stellt Oracle Sharding in einem kleinen Anwendungsgebiet eine performante und optimierte Lösung dar. Dabei werden die Ansätze der NoSQL-Datenbanken mit denen der relationalen Datenbanken kombiniert. Das ermöglicht die Vorteile des relationalen Datenbankmodells mit der Skalierbarkeit und Performance der NoSQL-Datenbanken zu kombinieren. Jedoch sind andere Technologien dem Oracle Sharding außerhalb dieses Bereichs überlegen.

# 4 Schlussbetrachtung

Dieses Kapitel verschafft einen Überblick über die vom Autor erbrachte Leistung und gibt im Weiteren einen über diese Arbeit hinausgehenden Ausblick auf die zukünftige Entwicklung.

## 4.1 Zusammenfassung

Das Ziel dieser Arbeit war es, die Vorteile des Oracle Shardings zu analysieren und darauf aufbauend eine Entscheidungsmatrix zu erarbeiten. Diese sollten durch Vergleiche mit ähnlichen Technologien ermittelt werden.

Dafür wurden zunächst die Grundlagen erläutert, welche dem Leser das Wissen zum Verständnis der Arbeit und des Vergleichs vermitteln. Anschließend wurde darauf aufbauend der Aufbau einer Sharding Umgebung erklärt. Dabei wurde sowohl die Variante mit eigener Erstellung der Datenbank erklärt, als auch die automatisierte Variante. Im nächsten Schritt wurde der Vergleich zwischen dem Oracle Sharding und dem Oracle RAC durchgeführt. Danach wurde das Oracle Sharding mit den beiden NoSQL-Datenbanken Cassandra und MongoDB verglichen. Zusammengefasst wurden die Ergebnisse zum Schluss in einer Entscheidungsmatrix, woran die Einsatzmöglichkeiten und Vorteile des Oracle Shardings erläutert wurden.

## 4.2 Fazit

Das Oracle Sharding konnte als Software für eine verteilte Datenbank nur zum Teil überzeugen. Der Vergleich mit anderen Technologien zur Skalierung hat gezeigt, dass das Oracle Sharding nur in einem kleinen Einsatzgebiet performant ist. In dem spezifischen Einsatzgebiet der OLTP-Applikationen, konnte sich das Oracle Sharding gegenüber den anderen Technologien durchsetzen.

Insgesamt ist die Umsetzung der Arbeit erfolgreich verlaufen, da das neue Feature Oracle Sharding erfolgreich analysiert und getestet werden konnte. Der Vergleich mit dem RAC und zwei NoSQL-Datenbanken hat Vorteile und Einsatzgebiete des Oracle Shardings hervorgebracht. Zudem konnte der Aufbau einer Sharding Umgebung erfolgreich durchgeführt und beschrieben werden.

## 4.3 Ausblick

In Zukunft werden immer mehr Daten anfallen, wodurch der Bedarf nach Verarbeitung dieser Daten ebenfalls steigt. Das Oracle Sharding wurde erst vor kurzem veröffentlicht und befindet sich daher noch in seiner ersten Version. Daher ist zu erwarten, dass Oracle dieses Feature in Zukunft noch weiterentwickeln wird. Der erste Grundstein dafür ist bereits, mit der Möglichkeit die Sharded Database vollständig in die Cloud zu verlagern, gelegt. Zudem muss Oracle zukünftig in das Oracle Sharding investieren, um langfristig mit diesem Feature wettbewerbsfähig zu bleiben.

# Anhang

## Anhangsverzeichnis

# Anhang 1    Gesprächsnotizen

### Anhang 1.1    Gespräch mit Prof. Dr. Ulrich Reus

Gespräch mit Prof. Dr. Ulrich Reus am 18.05.2018 :

- Kapitel abgesprochen
- Aktuellen Stand besprochen
- Gliederung etwas umgestellt: NoSQL, Konsistenzkonzepte und OLTP an den Anfang
- Gliederung etwas umgestellt: RAC ans Ende

### Anhang 1.2    Gespräch mit Prof. Dr. Ulrich Reus

Gespräch mit Prof. Dr. Ulrich Reus am 04.07.2018 :

- Über die Leseprobe gesprochen
- Grafiken erst nach dem beschreibenden Text, damit der Lesefluss des Lesers unterstützt wird und es verständlicher ist
- Zitationsstil einheitlich
- Monographien Nachname und Jahr, Internetquellen Name Jahr

# Anhang 2 Konfiguration Shard Catalog

## Anhang 2.1 DBCA Konfiguration

**Abbildung 14:** Shard Catalog Konfiguration Teil 1
Quelle: Eigen

**Abbildung 15:** Shard Catalog Konfiguration Teil 2
Quelle: Eigen

# Quellenverzeichnis

## Monographien

Adam Fowler (2015). *NoSQL For Dummies*. Dummies Tech. ISBN: 978-1118905746.

Drazena Gaspar, I. C. (2017). *Bridging Relational and NoSQL Databases (Advances in Data Mining and Database Management)*. Information Science Reference. ISBN: 978-1522533856.

Guy Harrison (2015). *Next Generation Databases: NoSQLand Big Data*. Apress. ISBN: 978-1484213308.

Riyaj Shamsudeen, Syed Jaffar Hussain (2013). *Expert Oracle RAC 12c*. Apress. ISBN: 978-1430250449. (Besucht am 29. Mai 2018).

Roland Gabriel, Peter Gluchowski, Alexander Pstwa (2009). *Datawarehouse und Data Mining*. W3l. ISBN: 978-3937137667.

## Sonstige Quellen

Abu Fazal Abbas (2016-09-10). *A quick glance into Cassandra*. Hrsg. von Toad World. URL: https://community.toadworld.com/platforms/nosql/w/wiki/11687.a-quick-glance-into-cassandra (besucht am 29. Mai 2018).

Apache Cassandra (2018). *Dynamo*. URL: http://cassandra.apache.org/doc/latest/architecture/dynamo.html?highlight=replication%20factor (besucht am 29. Mai 2018).

Benjamin Lerer (2015-06-08). *A deep look at the CQL WHERE clause*. URL: https://www.datastax.com/dev/blog/a-deep-look-to-the-cql-where-clause.

DataStax (2018). *A Brief Introduction to Apache Cassandra.* URL: https://academy. datastax.com/resources/brief-introduction-apache-cassandra (besucht am 29. Mai 2018).

Guy Harrison (2010-08-23). *Playing with Cassandra and Oracle.* URL: http://guyharrison.squarespace.com/blog/2010/8/23/playing-with-cassandra-and-oracle.html (besucht am 29. Mai 2018).

ITWissen.info (2012). *Socket.* URL: https://www.itwissen.info/Socket-socket. html.

Jay Patel (2012-04-04). *Cassandra Data Modeling Best Practices, Part 2.* Hrsg. von eBay Inc. URL: https://www.ebayinc.com/stories/blogs/tech/cassandra-data-modeling-best-practices-part-2/.

Klaus-Michael Hatzinger (2015-09-15). *Oracle Standard Edition 2 (SE2) – Lizenzregeln und Auswirkungen.* URL: https://www.dbconcepts.at/oracle-standard-edition-two/ (besucht am 29. Mai 2018).

Lior Messinger (2013-02-17). *Better explaining the CAP Theorem.* Hrsg. von Big Data Zone. URL: https://dzone.com/articles/better-explaining-cap-theorem (besucht am 29. Mai 2018).

Martin Schmitter (2013). *Connecting and using RAC.* URL: https://www.doag.org/formes/pubfiles/5237259/2013-DB-Martin_Schmitter-Connecting_and_using_RAC-Praesentation.pdf.

MongoDB (2018a). *Add Shards to a Cluster.* URL: https://docs.mongodb.com/manual/tutorial/add-shards-to-shard-cluster/ (besucht am 29. Mai 2018).

MongoDB (2018b). *Automativ Failover.* URL: https://docs.mongodb.com/manual/replication/#read-operations (besucht am 29. Mai 2018).

MongoDB (2018c). *Config Servers.* URL: https://docs.mongodb.com/manual/core/sharded-cluster-config-servers/ (besucht am 29. Mai 2018).

MongoDB (2018d). *Introduction to MongoDB.* URL: https://docs.mongodb.com/ manual/introduction/ (besucht am 29. Mai 2018).

MongoDB. *JSON and BSON.* URL: https://www.mongodb.com/json-and-bson.

MongoDB (2018e). *MongoDB Architecture.* URL: https://www.mongodb.com/ mongodb-architecture (besucht am 29. Mai 2018).

MongoDB (2018f). *mongos.* URL: https://docs.mongodb.com/manual/core/ sharded-cluster-query-router/ (besucht am 29. Mai 2018).

MongoDB (2018g). *System Collections.* URL: https://docs.mongodb.com/manual/ reference/system-collections/ (besucht am 29. Mai 2018).

MongoDB (2015-04-15). *Thinking in Documents: Part 2.* URL: https://www.mongodb. com/blog/post/thinking-documents-part-2.

MongoDB (2017). *A Total Cost of Ownership Comparison of MongoDB & Oracle: A Mongo White Paper.* URL: http://s3.amazonaws.com/info-mongodb-com/TCO_ MongoDB_vs._Oracle.pdf (besucht am 29. Mai 2018).

Oracle (2018a). *DDL Execution in a Sharded Database.* URL: https://docs.oracle. com/en/database/oracle/oracle-database/12.2/admin/sharding-schema- design.html#GUID-FD5760B7-1F77-4A3C-A74C-2C70B2469E16 (besucht am 29. Mai 2018).

Oracle (2018b). *Global Data Services: Automated Workload Management for Repli- cated Databases.* URL: http://www.oracle.com/technetwork/database/ availability/global-data-services-1949717.html (besucht am 29. Mai 2018).

Oracle (2018c). *Oracle Real Application Clusters (RAC).* URL: http://www.oracle. com/technetwork/database/options/clustering/overview/index-086583. html (besucht am 29. Mai 2018).

Oracle (2018d). *Oracle Sharding: Linear Sclability, Fault Isolation and Geo-distribution for Web-Scale Applications.* URL: http : / / www . oracle . com / technetwork / database/database-technologies/sharding/overview/index.html (besucht am 29. Mai 2018).

Oracle (2018e). *Oracle9i Real Application Clusters Concepts Release 2 (9.2).* URL: https://docs.oracle.com/cd/B10500_01/rac.920/a96597/psintro.htm# 10947 (besucht am 29. Mai 2018).

Oracle (2018f). *Sharded Database Deployment.* URL: https : / / docs . oracle . com / en/database/oracle/oracle-database/12.2/admin/sharding-deployment. html#GUID-F99B8742-4089-4E77-87D4-4691EA932207 (besucht am 29. Mai 2018).

Oracle (2018g). *Sharded Database Deployment: 56.6 Setting Up the Oracle Sharding Management and Routing Tier.* URL: https://docs.oracle.com/en/database/ oracle/oracle-database/12.2/admin/sharding-deployment.html#GUID-96ABB404-844C-457E-9C10-2D5C352D3928 (besucht am 12. Juli 2018).

Oracle (2018h). *Sharded Database Deployment: 56.7.1 Deploying a System-Managed SDB.* URL: https : / / docs . oracle . com / en / database / oracle / oracle - database/12.2/admin/sharding-deployment.html#GUID-4E77F1B8-F665-40C4-B4AC-B321C7302AA9 (besucht am 12. Juli 2018).

Oracle (2018i). *Sharded Database Deployment: 56.7.2 Creating a Schema for a System-Managed SDB.* URL: https://docs.oracle.com/en/database/oracle/oracle-database/12.2/admin/sharding-deployment.html#GUID-61B495D3-4482-47E2-937E-B7E03286F565 (besucht am 12. Juli 2018).

Oracle (2012). *Oracle Real Application Clusters (RAC) and Oracle Clusterware Interconnect Virtual Local Area Networks (VLANs) Deployment Considerations: An Oracle White Paper.* URL: http://www.oracle.com/technetwork/products/

`clusterware/overview/interconnect-vlan-06072012-1657506.pdf` (besucht am 28. Juni 2018).

Oracle (2013). *Oracle Database 12 c - Global Data Services: Load Balancing and Service Failover for Replicated Databases.* URL: `http://www.oracle.com/technetwork/database/availability/global-data-services-12c-wp-1964780.pdf` (besucht am 29. Mai 2018).

Oracle (2017). *Frequently Asked Questions Oracle Database 12 c Release 2 - Oracle Sharding.* URL: `http://www.oracle.com/technetwork/database/availability/sharding-faq-3610620.pdf`.

Oracle (2018j). *Oracle Sharding: Linear Scalability, Fault Isolation and Geo-distribution for Web-scal OLTP Applications: Oracle White Paper.* URL: `http://www.oracle.com/technetwork/database/availability/oraclesharding-whitepaper-3675509.pdf` (besucht am 29. Mai 2018).

Oracle (2018k). *Oracle Technoloby Global Price List.* URL: `http://www.oracle.com/us/corporate/pricing/technology-price-list-070617.pdf` (besucht am 29. Mai 2018).

Oracle Help Center (2018). *Universal Connection Pool for JDBC Developer's Guide.* URL: `https://docs.oracle.com/cd/E11882_01/java.112/e12265/intro.htm#BABHFGCA` (besucht am 29. Mai 2018).

Quora. *What is the per node price for a DataStax enterprise subscription?* URL: `https://www.quora.com/What-is-the-per-node-price-for-a-DataStax-enterprise-subscription`.

Rahul Roy (2008). *Shard – A Database Design.* URL: `http://technoroy.blogspot.de/2008/07/shard-database-design.html`.

Rudolf Jansen (2011-06-29). *Einsatz der Cassandra-Datenbank.* Hrsg. von heise online. URL: https://www.heise.de/developer/artikel/Einsatz-der-Cassandra-Datenbank-1349878.html?seite=all (besucht am 29. Mai 2018).

Sebastian Solbach (2017). *Oracle Sharding: Eine neue Oracle Architektur.* Hrsg. von Oracle Datenbank & Cloud Community. URL: https://apex.oracle.com/pls/apex/germancommunities/dbacommunity/tipp/5981/index.html (besucht am 29. Mai 2018).

solid IT GmbH (2018a). *CAP Theorem.* URL: https://db-engines.com/de/article/CAP+Theorem (besucht am 29. Mai 2018).

solid IT GmbH (2018b). *OLTP.* URL: https://db-engines.com/de/article/OLTP (besucht am 29. Mai 2018).

solid IT GmbH (2018c). *Sharding.* URL: https://db-engines.com/de/article/Sharding (besucht am 29. Mai 2018).

solid IT GmbH (2018d). *Skalierbarkeit.* URL: https://db-engines.com/de/article/Skalierbarkeit (besucht am 29. Mai 2018).

TH Köln, C. G. (2012-07-23). *Skalierbarkeit.* URL: http://wikis.gm.fh-koeln.de/wiki_db/Datenbanken/Skalierbarkeit (besucht am 29. Mai 2018).

TH Köln, C. G. (2015-01-23). *CAP-Theorem.* URL: http://wikis.gm.fh-koeln.de/wiki_db/Datenbanken/CAP (besucht am 29. Mai 2018).